文库精粹

龚自珍 严 复

龚自珍 严 复 ⊙ 著

陕西新华出版
太白文艺出版社·西安

图书在版编目（CIP）数据

近代名人文库精粹. 龚自珍　严复 / 刘东主编；龚自珍，严复著. -- 西安：太白文艺出版社，2017.10（2024.5重印）
ISBN 978-7-5513-1113-7

Ⅰ. ①近… Ⅱ. ①刘… ②龚… ③严… Ⅲ. ①龚自珍（1792-1841）－文集②严复－文集 Ⅳ. ①Z425

中国版本图书馆CIP数据核字(2017)第236232号

近代名人文库精粹：龚自珍　严复
JINDAI MINGREN WENKU JINGCUI: GONG ZIZHEN　YAN FU

著　者	龚自珍　严复
主　编	刘东
责任编辑	荆红娟　姚亚丽
封面设计	揽胜视觉
版式设计	刘兴福
出版发行	太白文艺出版社
经　销	新华书店
印　刷	三河市嵩川印刷有限公司
开　本	700mm×960mm　1/16
字　数	200千字
印　张	13
版　次	2017年10月第1版
印　次	2024年5月第2次印刷
书　号	ISBN 978-7-5513-1113-7
定　价	49.80元

版权所有　翻印必究
如有印装质量问题，可寄出版社印制部调换
联系电话：029-81206800
出版社地址：西安市曲江新区登高路1388号（邮编：710061）
营销中心电话：029-87277748　029-87217872

目 录 Contents

龚自珍

散 文

病梅馆记 …………………………………………… 3
乙丙之际著议第六 ………………………………… 3
乙丙之际著议第七 ………………………………… 5
乙丙之际著议第九 ………………………………… 5
明良论一 …………………………………………… 6
明良论二 …………………………………………… 8
明良论三 …………………………………………… 9
明良论四 …………………………………………… 10
送钦差大臣侯官林公序 …………………………… 12
壬癸之际胎观第三 ………………………………… 13
壬癸之际胎观第四 ………………………………… 14
壬癸之际胎观第五 ………………………………… 15
壬癸之际胎观第六 ………………………………… 15
古史钩沉论一 ……………………………………… 16
尊史 ………………………………………………… 16
尊任 ………………………………………………… 17
尊隐 ………………………………………………… 18

宥情	20
论私	21
京师乐籍说	22
述思古子议	23
杭大宗逸事状	24
送歙吴君述	25
叙嘉定七生	26
记王隐君	27
己亥六月重过扬州记	28
江子屏所著书序	29
识某大令集尾	30
与人笺一	31
与人笺五	32
与江子屏笺	32
与吴虹生书（十二）	33

词　篇

菩萨蛮	35
梦芙蓉·本意	35
卜算子·题独立士女	36
点绛唇	36
虞美人	36
洞仙歌	37
醉太平	37
清平乐	37
太常行〔引〕	38
端正好	38
霓裳中序第一《霓裳羽衣》之曲今不传，戏补之	38
长相思	39
又	39
天仙子·自赋所藏叶小鸾眉纹诗砚	39

瑶华·董双成画像	40
浪淘沙·写梦	40
如梦令	40
高阳台	41
喝火令	41
木兰花慢	41
菩萨蛮	42
惜分钗	42
如梦令	43
金明池	43
一剪梅	43
青玉案	44
莺啼序·用宋人韵	44
菩萨蛮	45
临江仙	45
又	45
浣溪沙	46
又	46
梦行云	46
洞仙歌	47
导引曲	47
又	47
玉联环影	48
南歌子	48
桂殿秋	48
忆瑶姬	49
梦玉人引	49
意难忘	50
丑奴儿令	50
凤栖梧	50

台城路·送姚怡云之江南	51
鹊桥仙	51
浪淘沙·有寄	52
水调歌头·寄徐二义尊大梁	52
又	52
点绛唇·十月二日马上作	53
瑶台第一层	53
行香子	54
醉太平·道中作	54
唐多令·道中书怀	54
菩萨蛮·效蕃锦集	55
蝶恋花	55
水龙吟·题家绣山《停琴听箫图》	55
高阳台	56
鹊踏枝·过人家废园作	56
鹊楼仙	57
金缕曲·沈虹桥广文小像题词	57
摸鱼儿·乙亥六月留别新安作	58
卖花声·舟过白门有纪	58
百字令	59
摸鱼儿	59
减兰	60
长相思	60
满江红	61
台城路	61
百字令·投袁大琴南	62
金缕曲·赠李生	62
虞美人	63
湘月	63
金缕曲·癸酉秋出都述怀有赋	64

湘月	64
水调歌头	65
前调	65
菩萨蛮·汉宫熏炉	66
洞仙歌	66
前调	67
江城子	67
百字令	68
青玉案	68
南乡子	69
鹧鸪天·题于湘山《旧雨轩图》	69
贺新郎	69
凤凰台上忆吹箫	70
暗香	70
摸鱼儿	71
浪淘沙·书愿	71
洞仙歌·云缬鸾巢录别	72
清平乐	72
又	72
法曲献仙音·录言	73
惜秋华	73
减兰	74
露华	74
湘月	74
浣溪沙	75
卜算子	75
洞仙歌	76
高阳台	76
南浦	77
齐天乐	77

绮寮怨	78
长相思	78
清平乐	79
卜算子	79
丑奴儿令	80
摸鱼儿	80
清平乐·题胡鱼门《山居卷子》	81
百字令	81
齐天乐	82
好事近人·八月初十日即事	82
生查子·又即事一首	83
隔溪梅令·《羽陵春晚》画册	83
丑奴儿令	83
人月圆	84
天仙子	84
江城子	84
阮郎归·代某校书送某书记	85
台城路	85
鹊桥仙·秦淮不访	86
隔溪梅令·即景	86
好事近	86
台城路	87
应天长	87
点绛唇·补记四月之游	88
好事近·补记仲夏情事	88
虞美人	88
丑奴儿令·答月坡、半林订游	89
定风波	89
一痕沙·录言	89
菩萨蛮·四月十九日薄暮即事	90

减兰	90
贺新郎	90
好事近·录言	91
小重山令	91
调笑四首	92
定风波	92
又	93
卖花声	93
前调·紫菊有近似墨菊者	94
清平乐	94
南歌子·自题近词卷尾	94
水龙吟	95
后庭宴·用南唐人韵	95
定风波·五月十二日即事	96
水龙吟	96
浪淘沙·舟中夜起	97
杂诗己卯自春徂夏在京师作得十有四首录二	97
能令公少年行有序	98
夜读番禺集书其尾二首	99
辛巳除夕与彭同年蕴章同宿道观中彭出平生诗读之竟夜遂书其卷尾	99
小游仙词十五首	99
汉朝儒生行	101
漫感	102
咏史	102
自春徂秋偶有所触拉杂书之漫不诠次得十五首录六	103
歌筵有乞书扇者	104
梦中作	104
伪鼎行	104
常州高材篇送丁若士履恒	105
猛忆	106

梦中作四截句	106
书魏槃仲扇	106
己亥杂诗	107

书 信

致大学士	109
致人笺	109

严 复

散 文

论世变之亟	113
原强	116
辟韩	129
救亡决论	132
译《天演论》自序	143
孟德斯鸠列传	145
斯密亚丹传	147
吴芝瑛传	149

诗 词

社燕	151
送陈彤卣归闽	151
戊戌八月感事	152
哭林晚翠	152
送郑太夷南下	153
送沈涛园备兵淮扬四首	153
赠熊季廉	154
挽吴挚父京卿	154
甲辰出都呈同里诸公	155
人才	155

上海刘氏园见白莲孤开归而成咏	156
赠高啸桐	156
漫题二十六岁时照影	157
九月十二日	157
十三夜月	157
送朝鲜通政大夫金沧江泽荣归国	158
和寄朝鲜金泽荣	158
民国初建政府未立严子乃为此诗	159
题胡梓方诗册并寄陈散原	159
写怀	159
癸丑上巳梁任公禊集万生园分韵流觞曲水四首	160
题侯疑始填词图册	161
寄散原	161
三月三日洁叶氏甥女约刘伯远叔通兄弟侯疑始游万生园	162
题张勇烈树珊遗像	162
挽麦孺博三首	163
书愤次伯远韵	163
题李一山汝谦所藏唐拓武梁祠画像有序	164
畸人	165
以渔洋精华录寄琥唐山春榆侍郎有诗见述率赋奉答	165
说诗用琥韵	166
书示子璇四十韵	167
赠林畏庐	167
寿康更生六十丁巳二月五日	168
摸鱼儿	168
金缕曲	169
解连环	169

日 记

严复日记	170

译 著

《天演论》导言（三节） …………………………… 175
总论宗法社会 ……………………………………… 180
释思想言论自由 …………………………………… 183
《法意》三章 ……………………………………… 193

作者简介

龚自珍（1792—1841）　字璱人，号定庵，后更名巩祚，又名易简，字伯定，号羽琌山民。浙江仁和（今杭州）人。近代思想家、文学家。与林则徐、魏源等结宣南诗社，讲求经世致用之学。与魏源齐名，世称"龚魏"。道光九年进士，官礼部主事。才气过人，然其文多与世忤。仕途不达，于道光十九年辞归故里。二十一年春，暴卒于丹阳。诗作气势磅礴，瑰丽奇伟，融政论、抒情于生动的艺术形象之中，自成一派。散文奥博纵横，构思奇特，寓言小品，短小精悍，形象生动，锋芒逼人。其作品饱含着社会、历史内容，深刻揭露清王朝统治的腐朽，反映社会阶级矛盾的尖锐，寄托着诗人清醒的志士孤愤，洋溢着爱国热忱。著有《己亥杂诗》《乙丙之际著议》《病梅馆记》等。

沈曾植称"定庵之才，数百年所仅有也。"

散文

龚自珍

病梅馆记

江宁之龙蟠，苏州之邓尉，杭州之西溪，皆产梅。或曰：梅以曲为美，直则无姿；以欹为美，正则无景；梅以疏为美，密则无态。固也。此文人画士，心知其意，未可明诏大号，以绳天下之梅也；又不可以使天下之民，斫直、删密、锄正，以夭梅、病梅为业以求钱也。梅之欹、之疏、之曲，又非蠢蠢求钱之民，能以其智力为也。

有以文人画士孤癖之隐，明告鬻梅者，斫其正，养其旁条，删其密，夭其稚枝，锄其直，遏其生气，以求重价，而江、浙之梅皆病。文人画士之祸之烈至此哉！

予购三百盆，皆病者，无一完者，既泣之三日，乃誓疗之、纵之、顺之，毁其盆，悉埋于地，解其棕缚；以五年为期，必复之全之。予本非文人画士，甘受诟厉，辟病梅之馆以贮之，呜呼！安得使予多暇日，又多闲田，以广贮江宁、杭州、苏州之病梅，穷予之生光阴以疗梅也哉？

乙丙之际著议第六

自周而上，一代之治，即一代之学也；一代之学，皆一代王者开之也。有天下，更正朔，与天下相见，谓之王。佐王者，谓之宰。天下不可

以口耳喻也，载之文字，谓之法，即谓之书，谓之礼，其事谓之史职。以其法载之文字而宣之士民者，谓之太史，谓之卿大夫。天下听从其言语，称为本朝。奉租税焉者，谓之民。民之识立法之意者，谓之士。士能推阐本朝之法意以相诫语者，谓之师儒。王之子孙大宗继为王者，谓之后王。后王之世之听言语奉租税者，谓之后王之民。王、若宰、若大夫、若民相与以有成者，谓之治，谓之道。若士、若师儒法则先王、先冢宰之书以相讲究者，谓之学。师儒所谓学有载之文者，亦谓之书。是道也，是学也，是治也，则一而已矣。

乃若师儒有能兼通前代之法意，亦相诫语焉，则兼综之能也，博闻之资也。上不必陈于其王，中不必采于其冢宰、其太史大夫，下不必信于其民。陈于王、采于宰，信于民，则必以诵本朝之法，读本朝之书为率。师儒之替也，原一而流百焉，其书又百其流焉，其言又百其书焉。各有守闻，各欲措之当世之君民，则政教之末失也。虽然，亦皆出于本朝之先王。是故司徒之官之后为儒，史官之后为道家老子氏，清庙之官之后为墨翟氏，行人之官之后为纵横鬼谷子氏，礼官之后为名家邓析子氏、公孙龙氏，理官之后为法家申氏、韩氏。世之盛也，登于其朝，而习其揖让，闻其钟鼓，行于其野，经于其庠序，而肆其豆笾，契其文字。处则为占毕绚诵，而出则为条教号令，在野则熟其祖宗之遗事，在朝则效忠于其子孙。夫是以齐民不敢与师儒齿，而国家甚赖有士。

及其衰也，在朝者自昧其祖宗之遗法，而在庠序者犹得据所肄习以为言，抱残守阙，纂一家之言，犹足以保一邦、善一国。孔子曰："郁郁乎文哉，吾从周。"又曰："吾不复梦见周公。"至于夏礼商礼，取识遗忘而已。以孔子之为儒而不高语前哲王，恐蔑本朝以干戾也。至于周及前汉，皆取前代之德功艺术，立一官以世之，或为立师，自《易书》大训杂家言，下及造车、为陶、医、卜、星、祝、仓、庾之属，使各食其姓之业，业修其旧。此虽盛天子之用心，然一代之大训不在此也。

后之为师儒不然。重于其君，君所以使民者则不知也；重于其民，民所以事君者则不知也。生不荷耰锄，长不习吏事，故书雅记，十窥三四，昭代功德，瞠目未睹，上不与君处，下不与民处。由是士则别有士之渊薮者，儒则别有儒之林囿者，昧王霸之殊统，文质之异尚。其惑也，则且援古以刺今，嚣然有声气矣。是故道德不一，风教不同，王治不下究，民隐不上达，国有养士之资，士无报国之日，殆夫，殆夫！终必有受其患者，而非士之谓夫？

乙丙之际著议第七

夏之既夷，豫假夫商所以兴，夏不假六百年矣乎？商之既夷，豫假夫周所以兴，商不假八百年矣乎？无八百年不夷之天下，天下有万亿年不夷之道。然而十年而夷，五十年而夷，则以拘一祖之法，惮千夫之议，听其自堕，以俟踵兴者之改图尔。

一祖之法无不敝，千夫之议无不靡，与其赠来者以劲改革，孰若自改革？抑思我祖所以兴，岂非革前代之败耶？前代所以兴，又非革前代之败耶？何莽然其不一姓也？天何必不乐一姓耶？鬼何必不享一姓耶？奋之，奋之！将败则豫师来姓，又将败则豫师来姓。《易》曰："穷则变，变则通，通则久。"非为黄帝以来六七姓括言之也，为一姓劝豫也。

乙丙之际著议第九

吾闻深于《春秋》者，其论史也，曰："书契以降，世有三等，三等之世，皆观其才；才之差，治世为一等，乱世为一等，衰世别为一等。

衰世者，文类治世，名类治世，声音笑貌类治世。黑白杂而五色可废也，似治世之太素；宫羽淆而五声可铄也，似治世之希声；道路荒而畔岸隳也，似治世之荡荡便便；人心混混而无口过也，似治世之不议。左无才

相，右无才史，阃无才将，庠序无才士，陇无才民，廛无才工，衢无才商，抑巷无才偷：市无才驵，薮泽无才盗，则非但鲜君子也，抑小人甚鲜。

当彼其世也，而才士与才民出。则百不才督之缚之，以至于戮之。戮之非刀、非锯、非水火；文亦戮之，名亦戮之，声音笑貌亦戮之。戮之权不告于君，不告于大夫，不宣于司市，君大夫亦不任受。其法亦不及要领，徒戮其心，戮其能忧心、能愤心、能思虑心、能作为心、能有廉耻心、能无渣滓心。又非一日而戮之，乃以渐，或三岁而戮之，十年而戮之，百年而戮之。才者自度将见戮，则蚤夜号以求治，求治而不得，悖悍者则蚤夜号以求乱。夫悖且悍，且睊然眗然以思世之一便己，才不可问矣，曩之伦惡有辞矣。然而起视其世，乱亦竟不远矣。

是故智者受三千年史氏之书，则能以良史之忧忧天下，忧不才而庸，如其忧才而悖；忧不才而众怜，如其忧才而众畏。履霜之屦，寒于坚冰，未雨之鸟，戚于飘摇，痹痨之疾，殆于痈疽，将萎之华，惨于槁木。三代神圣，不忍薄谲士勇夫，而厚豢驽羸，探世变也，圣之至也。

明良论一

三代以上，大臣、百有司无求富之事，无耻言富之事。贫贱，天所以限农亩小人；富贵者，天所以待王公大人君子。王公大人之富也，未尝温饱之私感恩于人主，人主以大臣不富为最可嘉可法之事，尤晚季然也。《洪范》五福，二曰富；《周礼》八枋，一曰富。臣之于君也，急公爱上，出自天性，不忍论施报。人主之遇其臣也，厚以礼，绳以道，亦岂以区区之禄为报？然而禹、箕子、周公然者，王者为天下国家崇气象，养体统，道则然也。孟子曰："无恒产而有恒心，惟士为能。"虽然，此士大夫所以自律则然，非君上所以律士大夫之言也。得财则勤于服役，失败则怫然愠，此诚厮仆之所为，不可以概我士大夫。然而卒无以大异乎此者，殆势然也。士大夫岂尽不古若哉？廉耻岂中绝于士大夫之哉？

然而古之纤人欲吏少于今者，诚贵有以谋之至亟矣！三代、炎汉勿远论，论唐、宋盛时，其大臣魁儒，大率豪伟而疏闳，其讲官学士，左经右史，鲜有志温饱，察鸡豚之行；其庸下者，亦复优游书画之林，文采酬酢，饮食风雅。今士大夫，无论希风古哲，志所不属，虽下劣如矜翰墨，召觞咏，我知其必不暇为也。今上都通显之聚，未尝道政事谈文艺也；外吏之宴游，未尝各陈设施谈利弊也；其言曰：地之腴瘠若何？家具之赢不足若何？车马敝而责券至，朋然以为忧，居平以贫故，失卿大夫体，甚者流为市井之行。崇文门以西，彰义门以东，一日不再食者甚众，安知其无一命再命之家也？远方之士，未尝到京师，担笈数千里而至，乐瞻士大夫之气象丰采，以归语田里。今若此，殆非所以饰四方之观听也！谓外吏富乎？积逋者又十且八九也。

夫士辞乡里，以科名通籍于朝，人情皆愿娱乐其亲，赡其室家；廪告无粟，厩告无刍，索屋租者且至相逐，家人嗷嗷然呼。当是时，犹有如贾谊所言"国忘家，公忘私"者，则非特立独行以忠诚之士不能。能以概责之六曹、三院、百有司否也？内外大小之臣，具思全躯保室家，不复有所作为，以负圣天子之知遇，抑岂无心，或者贫累之也。《鲁论》曰："季氏富于周公。"知周公未尝不富矣。微周然，汉、唐、宋之制俸，皆数倍于近世，史表具在，可按而稽。天子富有四海，天子之下，莫崇于诸侯，内而大学士、六卿，外而总督、巡抚，皆古之莫大诸侯。虽有巨万之资，岂过制焉？其非俭于制，而又黩货焉，诛之甚有词矣！

今久资尚书、侍郎，或无千金之产，则下可知也。诚使内而部院大臣、百执事，外而督、抚、司、道、守、令，皆不必自顾其身与家，则虽有庸下小人，当饱食之暇，亦必以其余智筹及国之法度、民之疾苦，泰然而无忧，则心必不能以无所寄，亦势然也，而况以素读书、素识大体之士人乎？夫绳古贤者，动曰是真能忘其身家以图其君。由今观之，或亦其身家可忘而忘之尔。内外官吏皆忘其身家以相为谋，则君民上下之交，何事不成？何废不举？汉臣董仲舒曰"被润泽而大丰美者"，此也。朝廷不愈高厚，宇宙不愈清明哉？

明良论二

士皆知有耻，则国家永无耻矣；士不知耻，为国之大耻。历览近代之士，自其敷奏之日，始进之年，而耻已存者寡矣！官益久，则气愈媮；望愈崇，则谄愈固；地益近，则媚亦益工。至身为三公，为六卿，非不崇高也，而其于古者大臣巍然岸然师傅自处之风，匪但目未睹，耳未闻，梦寐亦未之及。臣节之盛，扫地尽矣。非由他，由于无以作朝廷之气故也。何以作之气？曰：以教之耻为先。

《礼·中庸》篇曰："敬大臣则不眩。"郭隗说燕王曰："帝者与师处，王者与友处，伯者与臣处，亡者与役处。凭几其杖，顾盼指使，则徒隶之人至。恣睢奋击，呴籍叱咄，则厮役之人至。"贾谊谏汉文帝曰："主上之遇大臣如遇犬马，彼将犬马自为也。如遇官徒，彼将官徒自为也。"凡兹三训，炳若日星，皆圣哲之危言，古今之至诫也！尝见明初逸史，明太祖训臣之语曰："汝曹辄称尧、舜呷，主苟非圣，何敢谀为圣？主已圣矣，臣愿已遂矣，当加之以吁主，自居皋、契之义。朝见而尧舜之，夕见而尧舜之，为尧舜者，岂不亦厌于听闻乎？"又曰："幸而朕非尧舜耳。朕为尧舜，乌有汝曹之皋、夔、稷、契哉？其不为共工、驩兜，为尧、舜之所流放者几希！"此真英主之言也。坐而论道，谓之三公。唐、宋盛时，大臣讲官，不辍赐坐、赐茶之举，从容乎便殿之下，因得讲论古道，儒硕兴起。及据季也，朝见长跪夕见长跪之余，无此事矣。不知此制何为而辍，而殿陛之仪，渐相悬以相绝也？

农工之人、肩荷背负之子则无耻，则辱其身而已；富而无耻者，辱其家而已；士无耻，则名之曰辱国；卿大夫无耻，名之曰辱社稷。由庶人贵而为士，由士贵而为小官，为大官，则由始辱其身家，以延及于辱社稷也，厥灾下达上，象似火！大臣无耻，凡百士大夫法则之，以及士庶人法则之，则是有三数辱社稷者，而令命天下之人，举辱国以辱其家，辱其身，混混沄沄，而无所底，厥咎上达下，象似水！上若下胥水火之中也，则何以国？

窃窥今政要之官，知车马、服饰、言词捷给而已，此外非所知也。清暇之官，知作书法、赓诗而已，外此非所问也。堂陛之言，探喜怒以为之节，蒙色笑，获燕闲之赏，则扬扬然以喜，出夸其门生、妻子。小不霁，则头抢地而出，别求夫可以受眷之法，彼其心岂真敬畏哉？问以大臣应如是乎？则其可耻之言曰：我辈只能如是而已。至其居心又可得而言，务车马、捷给者，不甚读书，曰：我早晚直公所，已贤矣，已劳矣。作书、赋诗者，稍读书，莫知大义，以为苟安其位一日，则一日荣；疾病归田里，又以科名长其子孙，志愿毕矣。且愿子孙世世以退缩为老成，国家我家何知焉？嗟乎哉！如是而封疆万万之一有缓急，则纷纷鸠燕逝而已，伏栋下求俱压焉者鲜矣。

昨者，上谕至，引卧薪尝胆事自况比，其闻之而肃然动于中欤？抑弗敢知！其竟憺然无所动于中欤？抑更弗敢知！然尝遍览人臣之家，有缓急之举，主人忧之，至戚忧之，仆妾之不可去者忧之；至其家求寄食焉之寓公，旅进而旅豢焉之仆从，伺主人喜怒之狎客，试召而诘之，则岂有为主人分一夕之愁苦者哉？故曰：厉之以礼出乎上，报之以节出乎下。非礼无以劝节，非礼非节无以全耻。古名世才起，不易吾言矣。

明良论三

敷奏而明试，吾闻之乎唐、虞；书贤而计廉，吾闻之乎成周。累日以为劳，计岁以为阶，前史谓之停年之格，吾不知其始萌芽何帝之世，大都三代以后可知也。

今之士进身之日，或年二十至四十不等，依中计之，以三十为断。翰林至荣之选也，然自庶吉士至尚书，大抵须三十年或三十五年；至大学士又十年而弱。非翰林出身，例不得至大学士。而凡满洲、汉人之仕宦者，

大抵由其始宦之日，凡三十五年而至一品，极速亦三十年。贤智者终不得越，而愚不肖者亦得以驯而到。此今日用人论资格之大略也。夫自三十进身，以至于为宰辅、为一品大臣，其齿发固已老矣，精神固已惫矣，虽有耆寿之德，老成之典型，亦足以示新进；然而因阅历而审顾，因审顾而退葸，因退葸而尸玩，仕久而恋其籍，年高而顾其子孙，傫然终日，不肯自请去。或有故而去矣，而英奇未尽之士，亦卒不得起而相代。此办事者所以日不足之根源也。城东谚曰："新官忙碌石骏子。旧官快活石师子。"盖言夫资格未深之人，虽勤苦甚至，岂能冀甄拔？而具形相向坐者数百年，莫如柱外石师子，论资当最高也。

如是而欲勇往者知劝，玩恋者知惩，中材绝侥幸之心，智勇甦束缚之怨，岂不难矣！至于建大猷，白大事，则宜乎更绝无人也。其资浅者曰：我积俸以俟时，安静以守格，虽有迟疾，苟过中寿，亦冀终得尚书、侍郎。奈何资格未至，哓哓然以自丧自官为？其资深者曰：我既积俸以俟之，安静以守之，久久而危致乎是。奈何忘其积累之苦，而哓哓然以自负其岁月为？其始也，犹稍稍感慨激昂，思自表见；一限以资格，此士大夫所以尽奄然而无有生气者也。当今之弊，亦或出于此，此不可不为变通者也。

明良论四

庖丁之解牛，伯牙之操琴，羿之发羽，僚之弄丸，古之所谓神技也。戒庖丁之刀曰：多一割亦笞汝，少一割亦笞汝；靭伯牙之弦曰：汝今日必志于山，而勿水之思也；矫羿之弓，捉僚之丸曰：东顾勿西逐，西顾勿东逐，则四子者皆病。人有疥癣之疾，则终日抑搔之，其疮痏，则日夜抚摩之，犹惧未艾，手欲勿动不可得，而乃卧之以独木，缚之以长绳，俾四肢不可以屈伸，则虽甚痒且甚痛，而亦冥心息虑以置之耳。何也？无所措术故也。

律令者，吏胥之所守也；政道者，天子与百官之所图也。守律令而不敢变，吏胥之所以侍立而体卑也；行政道而惟吾意所欲为，天子百官之所以南面而权尊也。为天子者，训迪其百官，使之共治吾天下，但责之以治天下之效，不必问其若之何而以为治，故唐、虞、三代之天下无不治。

　　治天下之书，莫尚于六经。六经所言，皆举其理、明其意，而一切琐屑牵制之术，无一字之存，可数端瞭也。约束之，羁縻之，朝廷一二品之大臣，朝见而免冠，夕见而免冠，议处、察议之谕不绝于邸钞。部臣工于综核，吏部之议群臣，都察院之议吏部也，靡月不有。府州县官，左顾则罚俸至，右顾则降级至，左右顾则革职至，大抵逆亿于所未然，而又绝不斠画其所已然。其不罚不议者，例之所得行者，虽亦自有体要，然行之无大损大益。盛世所以期诸臣之意，果尽于是乎？恐后有识者，谓率天下之大臣群臣，而责之以吏胥之行也。一越乎是，则议处之，察议之，官司之命，且倒悬于吏胥之手。彼上下其手，以处夫群臣之不合乎吏胥者，以为例如是，则虽天子之尊，不能与易，而群臣果相戒以勿为官司之所为矣。夫聚大臣群臣而为吏，又使吏得以操切大臣群臣，虽圣如仲尼，才如管夷吾，直如史鱼，忠如诸葛亮。犹不能以一日善其所为，而况以本无性情、本无学术之侪辈邪？

　　伏见今督、抚、司、道，虽无大贤之才，然奉公守法畏罪，亦云至矣，蔑以加矣！使奉公守法畏罪而遽可为治，何以今之天下尚有几微之未及于古也？天下无巨细，一束之于不可破之例，则虽以总督之尊，而实不能以行一谋、专一事。夫乾纳贵裁断，不贵端拱无为，亦论之似者也。然圣天子亦总其大端而已矣。至于内外大臣之权，殆亦不可以不重。权不重则气不振，气不振则偷，偷则敝。权不重则民不畏，不畏则狎，狎则变。待其敝且变，而急思所以救之，恐异日之破坏条例，将有甚焉者矣。

　　古之时，守令皆得以专戮，不告大官，大官得以自除辟吏，此其流弊，虽不可胜言，然而圣智在上，今日虽略仿古法而行之，未至擅威福也。仿古法以行之，正以救今日束缚之病。矫之而不过，且无病，奈之何不思更法，琐琐焉，屑屑焉，惟此之是行而不虞其隙也？圣天子赫然有意千载一时之治，删弃文法，捐除科条，裁损吏议，亲总其大纲大纪，以进退一世，而又命大臣以所当为，端群臣以所当从。内外臣工有大罪，则以乾断诛之，其小故则宥之，而勿苛细以绳其身。将见堂廉之地，所图者大，所议者远，所望者深，使天下后世，谓此盛世君臣之所有为，乃莫非

盛德大业，而必非吏胥之私智所得而仰窥。则万万世屹立不败之谋，实定于此。

送钦差大臣侯官林公序

钦差大臣兵部尚书都察院右都御史林公既陛，礼部主事仁和龚自珍则献三种决定义，三种旁义，三种答难义，一种归墟义。

中国自禹、箕子以来，食货并重。自明初开矿，四百余载，未尝增银一厘。今银尽明初银也，地中实，地上虚，假使不漏于海，人事火患，岁岁约耗银三四千两，况漏于海如此乎？此决定义，更无疑义。汉世五行家，以食妖、服妖占天下之变。鸦片烟则食妖也，其人病魂魄，逆昼夜，其食者宜缳首诛！贩者、造者，宜刎脰诛！兵丁食宜刎脰诛！此决定义，更无疑义。诛之不可胜诛，不可绝其源；绝其源，则夷不逞，奸民不逞；有二不逞，无武力可以胜也？公驻澳门，距广州城远，夷竿也，公以文臣孤入夷竿，其可乎？此行宜以重兵自随，此正皇上颁关防使节制水师意也。此决定义，更无疑义。

食妖宜绝矣，宜并杜绝呢羽毛之至，杜之则蚕桑之利重，木棉之利重，蚕桑、木棉之利重，则中国实。又凡钟表、玻璃、燕窝之属，悦上都之少年，而夺其所重者，皆至不急之物也，宜皆杜之。此一旁义。宜勒限使夷人徙澳门，不许留一夷。留夷馆一所，为互市之栖止。此又一旁义。火器宜讲求，京师火器营，乾隆中攻金川用之，不知施于海便否？广州有巧工能造火器否？胡宗宪《图编》，有可约略仿用者否？宜下群吏议，如带广州兵赴澳门，多带巧匠，以便修整军器。此又一旁义。

于是有儒生送难者曰："中国食急于货。"袭汉臣刘陶旧议论以相抵。固也，似也，抑我岂护惜货，而置食于不理也哉？此议施之于开矿之朝，谓之切病；施之于禁银出海之朝，谓之不切病。食固第一，货即第二，禹、箕子言如此矣。此一答难。于是有夷吏送难者曰："不用呢羽、钟表、燕窝、玻璃，税将绌。"夫中国与夷人互市，大利在利其米，此外皆末也。宣正告之曰："行将关税定额，陆续请减，未必不蒙恩允，国家断断不恃榷关所入，矧所损细所益大？此又一答难。乃有迂诞书生送难者，则不过曰为宽大而已，曰必毋用兵而已。告之曰：刑乱邦用重典，周公公训也。至于用兵，不比陆路之用兵，此驱之，非剿之也；此守海口，防我境，不许其入，非与彼战于海，战于艅艎也。伏波将军则近水，非楼船将军，非横海将军也。况陆路可追，此无可追，取不逞夷人及奸民，就地正典刑，非有大兵阵之原野之事，岂古人于陆路开边衅之比也哉？"此又一答难。

以上三难，送难者皆天下黠猾游说，而貌为老成迂拙者也。粤省僚吏中有之，幕客中有之，游客中有之，商估中有之，恐绅士中未必无之，宜杀一儆百。公此行此心，为若辈所动，游移万一，此千载之一时，事机一跌，不敢言之矣！不敢言之矣！

古奉使之诗曰："忧心悄悄，仆夫况瘁。"悄悄者何也？虑尝试也，虑窥伺也。虑泄言也。仆夫左右亲近之人，皆大敌也。仆夫且尤形于色，而有况瘁之容，无飞扬之意，则善于奉使之至也。阁下其绎此诗！何为一归墟义也。曰：我与公约，期公以两期期年，使中国十八行省银价平，物力实，人心定，而后归报我皇上。《书》曰："若射之有志。"我之言，公之鹄矣。

壬癸之际胎观第三

有天下，有大国。宝应出，福德聚，主天下。宝应不出，福德不聚，主大国有天下者，都中。有大国者，都西北。大国之君，有古纪，有近纪，亦以福德为差。夫始变古者，颛顼也。有帝统，有王统，有霸统，帝统之盛，颛顼、伊耆、姚；王统之盛，姒、子、姬；霸之盛，共工、嬴、刘、博尔吉吉特氏。非帝王之法，地万里，位百叶，统犹为霸。

帝有法，王有法，霸有法，皆异天，皆不相师，不相訾，不相消息。

王统以儒墨进天下之言；霸统以法家进天下之言；霸之末失，以杂家进天下之言。以霸法劝帝王家，则诛。以帝王法劝霸家，则诛。能知王霸之异天者曰大人。进退王霸之统者曰大人。大人之聪明神武而不杀，总其文词者曰圣人。圣人者，不王不霸，而又异天；天异以制作，以制作自为统。自霸天下之民，以及凡民，姓必黄炎；惟太皞、黄炎、共工为有胤孙，非古之凡民皆有胤孙。

古之世，语言出于一，以古语古，犹越人越言，楚人楚言也。后之世，语言出于二，以后语古，犹楚人以越言名，越人以楚言名也。虽有大人生于霸世，号令弗与共，福禄弗与偕，观其语言，弗可用；号令与共，福禄与偕，观其语言，卒弗可用；于是退而立大人之语言，明各家之统，慕圣人之文，固犹将生越而楚言也。

壬癸之际胎观第四

心无力者，谓之庸人。报大仇，医大病，解大难，谋大事，学大道，皆以心之力。

司命之鬼，或哲或悟，人鬼之所不平，卒平于哲人之心。哲人之心，孤而足恃，故取物之不平者恃之。或以妒正性命，丑忌姣，曲忌直，父亦妒子，妻亦妒夫；或以攻正性命，细攻大，貌攻物，窾攻成，侧攻中。细攻大，将以求大名，侧攻中，将以求中名，谓之舍天下之乐，求天下之不乐。

君子有心刑，大刑容，中刑绝，细刑校，道莫高于能容，事莫惨于见容，大倨故色卑，大傲故辞卑，大忍故所责于人卑。伤生之事，异形而同神者二：一曰好胜，二曰好色。何以同？其原同也。五伦之事，天人互挚，人天迭为始，知不死之说者，亦不耻欲寿命。欲寿命有三术，惜神一，生物二，离怨憎三。大兵大札，起于肉食。大亡大哀，起于莞簟。大薄蚀，大崩竭，起于胶固。

壬癸之际胎观第五

万物之数括于三：初异中，中异终，终不异初。一匏三变，一枣三变，一枣核亦三变。和人用万物之数，或用其有，或用其空，或用其有名，或用其无名，或用其收，或用其弃。大人收者一而弃者九也，不以收易弃也。享，弃之积也。忌人者谤以所反，夺所恃也；媚人者誉以所反，绝所虑也。静女之动，其动失度。哀乐爱憎相承，人之反也；寒暑昼夜相承，天之反也。

万物一而立，再而反，三而如初。天用顺教，圣人用逆教，逆犹往也，顺犹来也。生民，顺也；报本始，逆也。冬夏，顺也。冬不益之冰，为之裘，夏不益之火，为之葛，逆也。乱，顺也；治乱，逆也。庖牺氏之《易》，逆数也，礼逆而情肃，乐逆而声灵。是故教王者上勤天，教子上勤父，教臣上勤国君。

壬癸之际胎观第六

有域外之言，有域中之言，域外之言有例，域中之言有例。有以天为极，以命为的；有不以天为极，不以命为的。域外之言，善不善报于而身，历万生死而身弥存；域中之言，死可以休矣，善不善报于而胤孙。是故夫有尺土之氓，则立宗为先，及其有天下，师彼农夫，谓将以传福禄于后昆。

呜呼！既报之后身，又禄之身后，不亦劝乎？既报之于后身，反芟刈

其身后，不亦伤乎？是故大人毋辨、毋惑、毋眩督，而惟为善之是坚。大人之所难言者三：大忧不正言，大患不正言，大恨不正言。忧无故比，患无故例，仇无故诛，恨无故门，言无故家。

古史钩沉论一

龚自珍曰：史氏之书有之曰：霸天下之孙，中叶之主，其力弱，其志文，其聪明下，其财少，未尝不周求礼义廉耻之士，厚其貌，妪其言，则或求之而应，则或求之而不应，则必视祖之号令以差。史氏之书又有之：昔者霸天下之氏，称祖之庙，其力强，其志武，其聪明上，其财多，未尝不仇天下之士，去人之廉，以快号令，去人之耻，以嵩高其身；一人为刚，万夫为柔，以大便其有力疆武；而胤孙乃不可长，乃诽，乃怨，乃责问，其臣乃辱。

荣之亢，辱之始也；辨之亢，诽之始也；使之便，任法之便，责问之始也。气者，耻之外也；耻者，气之内也。温而文，王者之言也；惕而让，王者之行也；言文而行让，王者之所以养人气也。籍其府焉，徘徊其钟簴焉，大都积百年之力，以震荡摧锄天下之廉耻，既殄、既狘、既夷，顾乃席虎视之余荫；一旦责有气于臣，不亦暮乎！

尊　史

史之尊，非其职语言、司谤誉之谓，尊其心也。心何如而尊？善人，何者善入？天下山川形势，人心风气，土所宜，姓所贵，皆知之；国之祖宗之令，下逮吏胥之所守，皆知之。其于言礼、言兵、言政、言狱、言掌故、言文体、言人贤否，如其言家事，可谓入矣。又如何而尊？善出。何者善出？天下山川形势，人心风气，土所宜，姓所贵，国之祖宗之令，下逮吏胥之所守，皆有联事焉，皆非所专官。其于言礼、言兵、言政、言狱、言掌故、言文体、言人贤否，如优人在堂下，号咷歌舞，哀乐万千，堂上观者，肃然踞坐，眄睐而指点焉，可谓出矣。

不善入者，非实录，垣外之耳，乌能治堂而皇之中之优也耶？则史之言，必有余癉。不善出者，必无高情至论，优人哀乐万千，手口沸羹，彼岂复能自言其哀乐也耶？则史之言，必有余喘。是故欲为史，若为史之别子也者，毋癉毋喘，自尊其心。心尊，则其官尊矣，心尊，则其言尊矣。官尊言尊，则其人亦尊矣。尊之之所归宿如何？曰：乃又有所大出入焉。何者大出入？曰：出乎史，入乎道，欲知大道，必先为史。此非我所闻，乃刘向、班固之所闻。向、固有徵乎？我徵之曰：古有柱下史老聃，卒为道家大宗，我无徵也欤哉？

尊　任

《周礼》："以九两系邦国之民，八曰友以任得民。"又曰："以六行教万民：孝、友、睦、婣、任、恤。"杜子春曰："任，任朋友之事者。"周爵五等，公、侯、伯、子、男。男，任也；子，以谷璧养人；男，以蒲璧安人。曾子曰："士不可以弘毅，任重而道远。"任也者，侠之先声也。古亦谓之任侠，侠起先秦间，任则三代有之。侠尚意气，恩怨太明，儒者或不肯为；任则周公与曾子之道也。

世之衰，患难不相急，豪杰罹患难，则正言庄色厚貌以益锄之；虽有骨肉之恩，夙所卵翼之子，飘然绝裾，远引事外。虽然，豪杰则曰：吾罹患难，而呼号求援手于庸人，当复为豪杰哉！其言则曰：应龙入眢井，不

瞑目以待鳅鳝之饱龙肉，而睫泪以哀井上之居民，岂得为应龙也哉！万一卒不死，或者天神凭焉。道家者之书有之曰："活一大贤者，功视活凡夫九十万亿；活一圣人，功视活凡夫九万万亿。"吾友阳城令桂林李公则曰：《礼》曰："吊人弗能赒，弗问其所费，问疾弗能遗，弗问其所欲，见人弗能馆，弗问其所舍。"吾补《礼》文之阙，则亦曰：见患难弗能救，弗咎其所以致患难。其言取风示末世，粹然忾然。

呜呼！应龙之譬之肆，侠者之气纵，道家之言诡，皆非周公、曾子法。李公儒者也，古之任者也，言如是，言之感慨尽如是，是亦足矣。吾又闻之，广西实天下之高山大川，气苍苍莽莽，不为中原甃滑所中；李公行毕如其言，山川然也。

尊　隐

将与汝枕高林，藉丰草，去沮洳，即莘确，第四时之荣木，瞩九州之神皋，而从我嬉其间，则可谓山中之傲民也已矣。仁心为干，古义为根，九流为华实，百氏也枑藩，枝叶昌洋，不可殚论，而从我嬉其间，则可谓山中之悴民也已矣。

闻之古史氏矣，君子所大者生也，所大乎其生者时也。是故岁有三时：一曰发时，二曰怒时，三曰威时；日有三时，一曰蚤时，二曰午时，三曰昏时。夫日胎于溟涬，浴于东海，徘徊于华林，轩辕于高闳，照曜人之新沐濯，沧沧凉凉，不炎其光，吸引清气，宜君宜王，丁此也以有国，而君子适生之，入境而问之，天下法宗礼，族归心，鬼归祀，大川归道，百宝万货，人功精英，不翼而飞，府于京师，山林冥冥，但有鄙夫、皂隶所家，虎豹食之，曾不足悲。日之亭午，乃炎炎其光，五色文明，吸饮和气，宜君宜王，丁此也以有国，而君子适生之，入境而问之，天下法宗礼，族修心，鬼修祀，大川修道，百宝万货，奔命涌塞，喘车牛如京师，山林冥冥，但有窒士，天命不犹，与草木死。日之将夕，悲风骤至，人思灯烛，惨惨月光，吸饮莫气，与梦为邻，未即于床，丁此也以有国，而君子适生之；不生王家，不生其元妃、嫔嫱之家，不生所世世豢之家，从山川来，止于郊。

而问之曰：何哉？古先册书，圣智心肝，人功精英，百工魁杰所成，如京师，京师弗受也，非但不受，又裂而磔之。丑类窳砦，诈伪不材，是辇是任，是以为生资，则百宝咸怨，怨则反其野矣。贵人故家蒸尝之宗，不乐守先人之所予重器，不乐守先人之所予重器，则婺人子篡之，则京师之气泄，京师之气泄，则府于野矣。如是则京师贫；京师贫，则四山实矣。古先册书，圣智心肝，不留京师，蒸尝之宗之子孙，见闻嫭婀，则京师贱；贱，则山中之民，有自公侯者矣。如是则豪杰轻量京师；轻量京师，则山中之势重矣。如是则京师如鼠壤；如鼠壤，则山中之壁垒坚矣。京师之日苦短，山中之日长矣。风恶，水泉恶，尘霾恶，山中泊然而和，洌然而清矣。人攘臂失度，啾啾如蝇虻，则山中戒而相与修娴靡矣。朝士寡助失亲，则山中之民，一啸百吟，一呻百问疾矣。朝士偯焉偷息，简焉偷活，侧焉徨徨商去留，则山中之岁月定矣。多暴侯者，过山中者，生钟簴之思矣。童孙叫呼，过山中者，祝寿耇之毋遽死矣。其祖宗曰：我无余荣焉，我以汝为殿矣。其山林之神曰：我无余怒焉。我以汝为殿矣。俄焉寂然，灯烛无光，不闻余言，但闻鼾声，夜之漫漫，鹖旦不鸣，则山中之民，有大音声起，天地为之钟鼓，神人为之波涛矣。

是故民之丑生，一纵一横。旦暮为纵，居处为横，百世为纵。一世为横，横收其实，纵收其名。之民也，壑者欤？邱者欤？垤者欤？避其实者欤？能大其生以察三时，以宠灵史氏，将不谓之横天地之隐欤？闻之史氏矣，曰：百媚夫，不如一猖夫也；百酣民，不如一瘁民也；百瘁民，不如一之民也。则又问曰：之民也，有待者耶？无待者耶？应之曰：有待。孰待？待后史氏。孰为无待？应之曰：其声无声，其行无名，大忧无蹊辙，大患无畔涯，大傲若折，大瘁若息：民之无形，光景煜爚，捕之杳冥，后史氏欲求之，七反而无所睹也。悲夫悲夫！夫是以又谓之纵之隐。

宥　情

　　甲、乙、丙、丁、戊相与言。甲曰，有士于此，其于哀乐也，沈沈然，言之而不厌，是何苦？乙曰：是嫘嫚之民也。许慎曰："情，人之阴气有欲者也。"圣人不然，清明而强毅，无畔援，无歆羡，以其旦阳之气，上达于天。阴气有欲，岂美谈耶？丙请辨之，西方之志曰，欲有三种，情欲为上。西方圣人，不以情为鄙夷，子言非是。丁曰：乙以情隶欲，无以处夫哀乐之正而非欲者，且人之所以异于铁牛、土狗、木寓龙者安在？乙非是。丙以欲隶情，将使万物有欲，毕诡于情，而情且为秽墟，为罪薮，丙又非是。是以不如析言之也，西方之志，盖善乎其析言之矣。戊请辨之曰：西方之志又有之，纯想即飞，纯情即坠，若是乎其概而诃之也，不得言情，或贬或无贬，汝言皆非是。

　　龚子闲居，阴气沈沈而来袭心，不知何病，以谂江沅。江沅曰：我尝闲居，阴气沈沈而来袭心，不知何病。龚子则自求病于其心，心有脉，脉有见童年。见童年侍母侧，见母，见一灯荧然，见一砚、一几，见一仆妪，见一猫，见如是，见已，而吾病得矣。龚子又尝取钱枚长短言一卷，使江沅读。沅曰：异哉！其心朗朗乎无滓，可以逸尘埃而登青天，惜其声音浏然，如击秋玉，予始魂魄近之而哀，远之而益哀，莫或沈之，若或坠之。龚子又内自鞫也。状何如？曰：予童时逃塾就母时，一灯荧然，一砚、一几时，依一妪抱一猫时，一切境未起时，一切哀乐未中时，一切语言未造时，当彼之时，亦尝阴气沈沈而来袭心。如今闲居时，如是鞫已，则不知此方圣人所诃欤？西方圣人所诃欤？甲、乙、丙、丁、戊五氏者，孰党我欤？孰诟我欤？姑自宥也，以待夫覆鞫之者，作《宥情》。

论 私

　　朝大夫有受朋友之请谒，翌晨，讦其友于朝，获直声者，矜其同官曰：某甲可谓大公无私也。龚子闻之，退而与龚子之徒纵论私义。

　　问曰：敢问私者何所始也？告之曰：天有闰月，以处赢缩之度，气盈朔虚，夏有凉风，冬有燠日，天有私也；地有畸零华离，为附庸闲田，地有私也；日月不照人床闼之内，日月有私也。圣帝哲后，明诏大号，劬劳于在原，咨嗟于在庙，史臣书之。究其所为之实，亦不过曰：庇我子孙，保我国家而已，何以不爱他人之国家，而爱其国家？何以不庇他人之子孙，而庇其子孙？且夫忠臣忧悲，孝子涕泪，寡妻守雌，扞门户，保家世，圣哲之所哀，古今之所懿，史册之所纪，诗歌之所作。忠臣何以不忠他人之君而忠其君？孝子何以不慈他人之亲而慈其亲？寡妻贞妇何以不公此身于都市乃私自贞私自葆也？

　　且夫子哙，天下之至公也，以八百年之燕，欲予子之。汉哀帝，天下之至公也，高皇帝之艰难，二百祀之增功累阼，帝不爱之，欲以予董贤。由斯以谭，此二主者，其视文、武、成、康、周公，岂不圣哉？由斯以谭，孟子车氏其言天下之私言也，乃曰："人人亲其亲，长其长而天下平。"且夫墨翟，天下之至公无私也，兼爱无差等，孟子以为无父。杨朱，天下之至公无私也，拔一毛利天下不为，岂复有于以私者？岂复舍我而徇人之谒者？孟氏以为无君。且今之大公无私者，有杨，墨之贤耶？杨不为墨，墨不为杨，乃今以墨之理，济杨之行；乃宗子哙，肖汉哀；乃议武王、周公、斥孟轲；乃别辟一天地日月以自处。

　　且夫狸交禽媾，不避人于白昼，无私也。若人则必有闺闼之蔽，房帷之设，枕席之匿，赪顑之拒矣。禽之相交，径直何私？孰疏孰亲，一视无差。尚不知父子，何有朋友？若人则必有孰薄孰厚之气谊，因有过从谦游，相援相引，款曲燕私之事矣。今曰大公无私，则人耶，则禽耶？

《七月》之诗人曰："言私其豵，献豜于公。"《大田》之诗人曰："雨我公田，遂及我私。"《楚茨》之诗人曰："备言燕私。"先公而后私也。《采蘋》之诗人曰："被之僮僮，夙夜在公，被之祁祁，薄言还归。"公私并举之也。《羔羊》之诗人曰："羔羊之皮，素丝五紽，退食自公，委蛇委蛇。"公私互举之言也。《论语》记孔子之私觌。乃如吾大夫言，则《鲁论》以私觌诬孔氏，乃如吾大夫言，《羔羊》之大夫可以诛，《采蘋》之夫人可以废，《大田》《楚茨》之诗人可以流，《七月》之诗人可以服上刑。

京师乐籍说

昔者唐、宋、明之既宅京也，于其京师及其通都大邑；必有乐籍，论世者多忽而不察。是以龚自珍论之曰：自非二帝三王之醇备，国家不能无私举动，无阴谋。霸天下之统，其得天下与守天下皆然。老子曰："法令也者，将以愚民，非以明民。"孔子曰："民可使由之，不可使知之。"齐民且然。士也者，又四民之聪明喜论议者也。身心闲暇，饱暖无为，则留心古今而好论议。留心古今而好论议，则于祖宗之立法，人主之举动措置，一代之所以为号令者。俱大不便。

凡帝王所居曰京师，以其人民众多，非一类一族也。是故募召女子千余户入乐籍。乐籍既棋布于京师，其中必有资质端丽，桀黠辨慧者出焉。目眺心招，捭阖以为术焉，则可以钳塞天下之游士。乌在其可以钳塞也？曰：使之耗其资财，则谋一身且不暇，无谋人国之心矣；使之耗其日力，则无暇日以谈二帝三王之书，又不读史而不知古今矣；使之缠绵歌泣于床笫之间，耗其壮年无雄材伟略，则思乱之志息，而议论图度，上指天下画地之态益息矣；使之春晨秋夜为骫骳词赋、游戏不急之言，以耗其才华，则论议军国臧否政事之文章可以毋作矣。如此则民听壹，国事便，而士类之保全者亦众。曰：如是则唐、宋、明岂无豪杰论国是，掣肘国是，而自取戮者乎？曰：有之。人主之术，或售或不售，人主有苦心奇术，足以牢笼千百中材，而不尽售于一二豪杰，此亦霸者之恨也。吁！

述思古子议

闻之观古子，观古子闻之聪古子，聪古子闻之思古子，言也者，不得已而有者也。如其胸臆本无所欲言，其才武又未能达于言，强之使言，茫茫然不知将为何等言；不得已，则又使之姑效他人之言；效他人之种种言，实不知其所以言。于是剽掠脱误，摹拟颠倒，如醉如癫以言，言毕矣，不知我为何等言。

今天下父兄，必使鬌卯之子弟执笔学言，曰：功令也，功令实观天下之言。曰：功令观天下说经之言。童子但宜讽经，安知说经？是为侮经。曰：功令兼观天下怀人、赋物、陶写性灵之华言。夫童子未有感慨，何必强之为若言？然而天下之子弟，心术坏而义理锢者，天下之父兄为之。父兄咎功令，宜变功令。

变之如何，汉世讽书射策，皆善矣。讽书射策，是亦敷奏以言也。如汉世九千言足矣，则进而与之射策。射策兼策本朝事，十事中十者甲科，中七者乙科，中三四者丙科，不及三摈之。其言不得咿嚘不定，唱叹蔓衍，以避正的。宜酌定每条毋逾若干言以为式，其不能对，则庄书未闻二字以为式。如此则功令不缛，有司不眩，心术不欺，言语不伪。至于说经，则老年教学之先生为之，成人有德者为之，鬌卯姑毋庸；私家箸述，藏名山者为之，大廷姑毋庸，诗赋则私家之又不急之言也。及夫唱叹蔓衍之文章，大廷试士毋庸。

杭大宗逸事状

一、乾隆癸未岁，杭州杭大宗以翰林保举御史，例试保和殿。大宗下笔为五千言。其一条云：我朝一统久矣，朝廷用人，宜泯满、汉之见。是日旨交刑部，部议拟死。上博询廷臣，侍郎观保奏曰："是狂生，当其为诸生时，放言高论久矣。"上意解，赦归里。

一、大宗原疏留禁中，当日不发抄，又不自存集中，今世无见者。越七十年，大宗外孙之孙丁大，抱大宗手墨三十余纸，鬻于京师市，有蚕纸淡墨一纸半，乃此疏也。大略引孟轲、齐宣王问答语，用己意反复说之。此稿流落琉璃厂肆间。

一、乙酉岁，纯皇帝南巡，大宗迎驾，召见，问汝何以为活？对曰：臣世骏开旧货摊。"上曰："何谓开旧货摊？"对曰："买破铜烂铁，陈于地卖之。"上大笑；手书："买卖破铜烂铁"六大字赐之。

一、癸巳岁，纯皇帝南巡，大宗迎驾。名上，上顾左右曰："杭世骏尚未死么？"大宗返舍，是夕卒。

一、大宗自丙戌迄庚寅，主讲扬州安定书院，课诸生肄四通。杜氏《通典》、马氏《文献通考》、郑氏《通志》，世称三通；大宗加司马光《通鉴》云。

一、大宗著《道古堂集》，海内学士见之矣，世无知其善画者。龚自珍得其墨画十五叶，雍正乙卯岁，自杭州如福州纪程之所为也。叶系以诗，或记程，记月日琐语，语汗漫而瑰丽，画萧寥而粗辣，诗平淡而屈强。同里后学龚自珍谨状。同里张灯南漪、王曾祥麔徵，皆为杭大宗状。此第三状。详略互有出入。自记。

24

送歙吴君述

十八九读古书，执笔道天下事。有执予裾者曰："世固无人，慎勿为若言。"则怒啄之曰："否！奈何无人？"入世五六年，窥当路议论颜色，车敝敝周乎国门。又有执予裾而讯者曰："世尚有人，安用若？"则又怒而啄之曰："否？奈何有人？"

始之否也，不知其无也；继之否也，不信其有也。东西南北以为客，游海然而心茫洋，目迷澌，乘孤舟洄乎大漩之中，飓浪讧作，魂魄皆涣散，怪鸟悲鸣，日暮冥冥，求所谓奇虬、巨鲸、大珠、空青卒无有。已矣！

退而归于垤。心已定矣，睫已合矣，槁乎其如息，儽乎其不任负载。然而有叩吾门，贡吾以奇虬、巨鲸、大珠、空青之异者，疑十而信一。疑十而信一，则是志已忘也，志忘则欲其惊也难。且劝复往，则必色色恐矣。求凉而饮冰，求热而炽炭，求绝交而寂寞，求得朋而奋起，不亦顺乎？

何居，吴子以炭投我于冰之辰也？意者造物使予不平，凡所求焉，无一而使之平，始之否也则缪矣！继之否也又缪矣！吴子来，是造物者杂以冰炭投于余之心也。吴子请行，其复之于海乎？倘见有少年孤舟独行者，邮以视予，予请复往。

叙嘉定七生

嘉定七生，龚自珍获交其一焉，曰恬生。恬生言："某之乡有六生，与某相引以为重，其执业均也，笙诗鼓簧，而镈人应于堂也；其相侈以名声也，如草木之感风露而芳香也。图形以传之，又愿长言以宣之。"

自珍曰："美矣臧矣！丽矣堂矣！毋相忘矣！愿有以献。江以南与西北异，水土浅醨，嚣外窳中，蝇聚而蚋散，士之相为友，年齿若则以为友，家世若则以为友，科第若则以为友，匪性情之是友，匪气谊之是友，始则假借牵引，真相惇厚，声名出己右，憎不相左，死呹呹诉不止，吾愿之七生者之七而一也。"

自珍曰："年齿若则以为友，科第若则以为友，家世若则以为友，谑浪诡随，媚肤诡骨，捷以鼯狖，一夫摇唇，百夫襄涎，记称剿说雷同，晏子以告齐君，而《商书》谓之恶德。又有中年所业垂成，就见它人所嗜好称说，必强同之，华山旋其面目东向，太室厌其中处，以求同于岱宗而止，是造物者混混失面目也。吾又愿之七生之一而七也。"

自珍少游燕、并之市，之南方，求科名，北南宾客之辱者，十于七乎？百于七乎？他日复之燕、并求科名，宾客之辱者，十于七乎？百于七乎？不飞不鸣，人犹以为倾；不鼓不考，人犹以为媚。默默吾颜，了了吾行。抱秋树之晨华，指太阴以宵盟。盖知夫时之不我与。又知夫区区之未可以骤明也，故恒潜于幽而块于处。

恬生曰："子之言文，愿传语六生而纳交焉，书之。"遂书之。六生者某某，恬生名璩，姓陈氏。

记王隐君

　　于外王父段先生废簏中，见一诗，不能忘；于西湖僧经箱中，见书《心经》，蠹且半，如遇簏中诗也，益不能忘。春日，出螺师门，与轿夫戚猫语，猫指荒冢外曰：此中有人家，段翁来杭州，必出城访其处，归不向人言。段不能步，我舁往，独我与吴轿夫知之。循冢得木桥，遇九十许人，短褐曝日中，问路焉，告聋。予心动，揖而徐言，先生真隐者。答曰：我无印章。盖隐者与印章声相近。日晡矣。猫促之，怅然归。

　　明年冬，何布衣来，谈古刻，言吾有宋拓李斯郎邪石。吾得心疾，医不救，城外一翁至，言能活之，两剂而愈，曰：为此拓本来也。入室径携去。他日见马太常，述布衣言，太常俯而思，仰而掀髯曰：是矣！是矣！吾甥锁成，尝失步入一人家，从灶后揪户出，忽有院宇，满地皆松化石，循读书声，速入室，四壁古锦囊，囊中贮金石文字。案有《谢朓集》，借之不可，曰：写一本赠妆。越月往视，其书类虞世南。曰：蓄书生乎？曰：无之。指墙下锄地者，是为我书。出门，遇梅一株，方作华，窃负松化石一块归。

　　若两人所遇，其皆是欤？予不识锁君，太常、布衣皆不言其姓，而吴轿夫言：仿佛姓王也。西湖僧之徒，取《心经》来，言是王老者写，参互求之，姓王何疑焉！惜不得锄地能书者姓。桥外大小两树依倚立，一杏，一乌桕。

己亥六月重过扬州记

居礼曹，客有过者曰：卿知今日之扬州乎？读鲍照《芜城赋》，则遇之矣。余悲其言。明年，乞假南游，抵扬州，属有告籴谋，舍舟而馆。

既宿，循馆之东墙，步游得小桥，俯溪，溪声欢；过桥，遇女墙啮可登者，登之，扬州三十里，首尾屈折高不见。晓雨沭屋，瓦鳞鳞然，无零甃断甓，心已疑礼曹过客言不实矣。入市，求熟肉，市声欢；得肉，馆人以酒一瓶，虾一筐馈。醉而歌，歌宋、元，长短言乐府，俯窗呜呜，惊对岸女夜起，乃止。

客有请吊蜀冈者，舟甚捷，帘幕皆文绣，疑舟窗蠡钚也，审视，玻璃五色具。舟人时时指两岸曰：某园故址也，某家酒肆故址也，约八九处，其实独倚虹园圮无存。囊所信宿之西园，门在，题榜在，尚可识，其可登临者尚八九处；阜有桂，水有芙渠菱芡，是居扬州城外西北隅，最高秀。南览江，北览淮，江、淮数十州县治，无如此冶华也。忆京师言，知有极不然者。

归馆，郡之士皆知余至，则大欢，有以经义请质难者，有发史事见问者，有就询京师近事者，有呈所业若文、若诗、若笔、若长短言、若杂著、若丛书乞为序、为题辞者，有状其先世事行乞为铭者，有求书册子、书扇者，填委塞户牖，居然喜庆中故态。谁得曰今非承平时耶？惟窗外船过，夜无笙琶声，即有之，声不能彻旦。然而女子有以栀子华发为赘求书者，爰以书画环瑱互通问，凡三人，凄馨哀艳之气，缭绕于桥亭舸舫间，虽澹定，是夕魂摇摇不自持。

余既信信，拿流风，捕余韵，乌睹所谓风号雨啸、鼯穴悲、鬼神泣者？嘉庆末，尝于此和友人宋翔凤侧艳诗，闻宋君病，存亡弗可知，又问其所谓赋诗者，不可见，引为恨。卧而思之，余齿垂五十矣，今昔之慨，自然之运，古之美人名士富贵寿考者几人哉？此岂关扬州之盛衰，而独置

28

感慨于江介也哉？抑予赋侧艳则老矣；甄综人物，搜辑文献，仍以自任，固未老也。天地有四时，莫病于酷暑，而莫善于初秋，澄汰其繁缛淫蒸，而与之为萧疏澹荡，泠然瑟然，而不遽使人有苍莽寥沉之悲者，初秋也。今扬州，其初秋也欤？予之身世，虽乞籴，自信不遽死，其尚犹丁初秋也欤？作《己亥六月重过扬州记》。

江子屏所著书序

嘉庆中，扬州有雄骏君子，曰江先生。以布衣为掌故宗且二十年。使仁和龚自珍条其撰述大旨，以诏来世。

自珍径求之，纵横侧求之，又求其有所不言者，而皆中律令。其杀也，为《易》也；其详也，则中《春秋》恩父、恩王父之义。海陬小生，瞠目哆颐，敢问九流最目之言夥矣！子胡张江先生之为书？且子所谓律令，谁之为之也？作而告之曰：圣人之所为也。《传》不云乎？三王之道若循环，圣者因其所生据之世而有作。是故《易》废《连山》《归藏》；诵《诗》三百，而周《诗》十九；《春秋》质文异家；《礼》从周；皆是义也。孔子没，儒者之宗孔氏；治六经术，其术亦如循环。

孔门之道，尊德性，道问学，二大端而已矣。二端之初，不相非而相用，祈同所归，识其初，又总其归，代不数人，或数代一人，其余则规世运为法。入我朝，儒术博矣，然其运实为道问学。自乾隆初元来，儒术而不道问学。所服习非问学，所讨论非问学，比之生文家而为质家之言，非律令。小生改容为间，敢问问学优于尊德性乎？曰：否否。是有文无质也，是因迭起而欲偏绝也。圣人之道，有制度名物以为之表，有穷理尽性以为之里，有诂训实事以为之迹，有知来藏往以为之神，谓学尽于是，是圣人有博无约，有文章而无性与天道也。端木子之言谓之何？曰：然则胡为其特张问学，得无子之徇于运欤？曰：否否。始卒具举，圣者之事也，余则问学以为之阶。

夫性道可以骤闻欤？抑可以空桴悬揣而谓之有闻欤？欲闻性道，自文章始。有后哲大人起，建万石之钟，击之以大椎，必两进之，两退之，南面而挥之，裸之予之。不以文家废质家，不用质家废文家，长悌其序，胪以听命，谓之存三统之律令，江先生布衣，非其任矣。

曰：江先生之为书，与其甄综之才何如？曰：能进之，能退之，如南面而挥之，如裸之予之。曰：请言江先生平生。曰：生于典籍之区，少为方闻士，乾隆朝，佐当道治四库、七阁之事，于乾隆名公卿老师宿儒，毕下上韶龆龁，万闻千睹。既老，勒成是书，窥气运之大原，孤神明以突往，义显，故可以纵横而侧求；词高，故可以无文字而求。

今夫海，不有万怪不能以一波；今夫岳，不有万怪不能以一石。饮海之一盏，涉华之一石。如见全海岳焉。砖瓦之所积，墼茨之所饰，风雨乍至，尺青寸红，纷然流离，才破碎也。江先生异是。曰：敬闻教矣。古之学圣人者，著书中律令，吾子所谓代不数人，数代一人，敢问谁氏也？曰：汉司马子长氏、刘子政氏。江先生书，曰《国朝经学师承记》者如干卷，迁之例；其曰《国朝经师经义目录》如干卷，向之例。小生降阶曰：是有夫！虽癃也，犹得搴裳中原，于我乎亲命之。

识某大令集尾

某大令，我不暇与之言佛儒之异同矣，言大令。

大令为儒，非能躬行实践、平易质直也。以文章议论笼罩从游士，士慑然。聪明旁溢，姑读佛书，以炫博览。于是假三藏之汪洋恣肆，以沛其文章，文章益自喜。此其第一重心。然而渐闻佛氏之精微，似不足乎此，恶焉，怯焉，退焉，阴焉，悔焉。此其第二重心。名渐成，齿渐高，从游之士之貌而言儒与貌而言佛者，益附之矣。则益傲慢告人曰：佛未可厚非。若以佛氏蒙其鉴赏者然，若以其赞佛为佛教增重者然。此其第三重心。有聊窃其旁文剩义，以诘儒书，颇有合者。于是谤儒之平易质直、躬行实践者,曰:聪明莫我及。又深没其语言文字,讳其所自出,以求他年庇之物豚。此其第四重心。如之何而可以讳之也?莫如反攻之,乃猖狂而谤佛。其谤佛也,无以自解其读佛也,于是效宋、明诸儒之言曰:不入虎穴,焉得虎子,我昔者读佛,正为今者之辟佛。

于是并其少年之初心而自诬自谤。此其第五重心。见儒之魁硕而尊严者,则惮而谢之曰:我之始大不正,不敢卒讳,与前说又歧异,所遇强弱异,故卑亢异。然而又谤儒书,所谤何等也?孔子、孟子之言穷理尽性以至于命之事,《易》《诗》《书》《中庸》之精微,凡与佛似,则谤之曰:儒之言绝不近佛,儒自儒,佛自佛。如此立言,庶几深没其迹矣。此其第六重心。儒之平易者受谤,儒之精微者又受谤,读儒谤儒,读佛谤佛,两不见收,覆载无可容,其军败,其居失,其口呭嗄,其神沮丧,其名不立,其踝旁皇,如婴儿之号于路。丐夫之僵于野。老矣,理故业,仍以文章家自遁。遁之何如?东云一鳞焉,西云一爪焉,使后世求之而皆在,或皆不在。此其第七重心。

或告之曰:文章虽小道,达可矣,立其诚可矣。又告之曰:孔子之听讼,无情者不得尽其辞。今子之情何如?又不应。乃言曰:我优也,言无邮,意效优施之言,以迄于今死。

与人笺一

客言:足下始工于文词,近习考订。仆岂愿通人受此名哉!又云:足下既习考订,亦兼文词。又岂愿通人受此名哉!足下示吾近作,勇去口吻之冶俊,为汪洋郁栗冲夷,是文章之祥也,而颇喜杂陈枚举夫一二琐故,以新名其家,则累矣累矣。古人文学,同驱并进,于一物一名之中,能言其大本大原,而究其所终极;综百氏之所谭,而知其义例,遍入其门径,我从而筦钥之,百物为我隶用。苟树一义,若浑浑圜也,则文儒之总也。

与人笺五

手教言者是也。人才如其面,岂不然?岂不然?此正人才所以绝胜。彼其时,何时欤?主上优闲,海宇平康,山川清淑,家世久长,人心皆定,士大夫以暇日养子弟之性情,既养之于家,国人又养之于国,天胎地息,以深以安,于是各因其性情之近,而人才成。高者成峰陵,礁者成川流,娴者成阡陌,幽者成蹊径,驶者成泷湍,险者成峒谷,平者成原陆,纯者成人民,驳者成鳞角,怪者成精魅,和者成参苓,华者成梅芝,戾者成棘刺,朴者成稻桑,毒者成砒附,重者成钟彝,英者成珠玉,润者成云霞,闲者成丘垤,拙者成眞量,皆天地国家之所养也,日月之所煦也,山川之所咻也。

将日月之光,久于照而少休欤?将山川之气,久于施而少浮欤?遂乃缚草为形,实之腐肉,教之拜起,以充满于朝市,风且起,一旦荒忽飞扬,化而为沙泥。子列子有言:君子化猿化鹤,小人化虫化沙。等化乎?然而猿鹤似贤矣。噫哦,噫哦?

与江子屏笺

大著读竟。其曰《国朝汉学师承记》,名目有十不安焉,改为《国朝经学师承记》。敢贡其说:夫读书者实事求是,千古同之,此虽汉人语,非汉人所能专。一不安也。本朝自有学,非汉学,有汉人稍开门径,而近加邃密者，有汉人未开之门径，谓之汉学，不甚甘心。不安二也。琐碎豆钉，不可谓非学，不得为汉学。三也。汉人与汉人不同，家各一经，经各一师，孰为汉学乎？四也。若以汉与宋为对峙，尤非大方之言；汉人何尝不谈性道？五也。宋人何尝不谈名物训诂？不足概服宋儒之心。六也。近有一类人，以名物训诂为尽圣人之道，经师收之，人师摈之，不忍深论，以诬汉人，汉人不受。七也。汉人有一种风气，与经无与，而附于经，谬以禨灶、梓慎之言为经，因以洎陈五行，矫诬上帝为说经，《大易》《洪范》，身无完肤，虽刘向亦不免，以及东京内学，本朝何尝有此恶习？本朝人又不受矣。八也。本朝别有绝特之士，涵泳白文，创获于经，非汉非宋，亦惟其是而已矣，方且为门户之见者所摈。九也。国初之学，与乾隆初年以来之学不同，国初人即不专立汉学门户，大旨欠区别。十也。有此十者，改其名目，则浑浑圜无一切语弊矣。自珍顿首，丁丑冬至日。

与吴虹生书（十二）

虹生十四兄亲家年大人侍右：别吾虹生十阅月，固未尝有只字与一切朋旧，并无只字与虹生，盖欲致虹生书，即万言不能了矣。而弟颓放无似，往来吴越间，舟中之日居多，在家则老人且不得萧闲如先辈林下之乐，况弟乎？出门则干求诸侯，不与笔砚亲，幸老人有别业在苏州府属昆山县城，距杭州可三日程，弟月必一至，内子亦暂顿于是。弟至其地，则花竹蔚然深秀，有一小楼，面出，楼中置笔砚。弟偷闲暂坐卧于是。今日北客欲行，催我作书与虹生，墨不及浓，即在此楼之所为也。

弟去年出都日，忽破诗戒，每作诗一首，以逆旅鸡毛笔书于帐簿纸，投一破簏中；往返九千里，至腊月二十六日抵海西别墅，发簏数之，得纸团三百十五枚，盖作诗三百十五首也。中有留别京国之诗，有关津乞食之诗，有忆虹生之诗，有过袁浦纪奇遇之诗，刻无抄胥，然必欲抄一全分寄君读之，则别来十阅月之心迹，乃至一坐卧、一饮食，历历如绘。此诗夏

日必到大川店，今日固不暇也，须排比之故也。奇遇一节，记君饯我于时丰斋之夕，言定庵此游，必有奇遇合。何以君能作此谶？但遇合二字甚难，遇而不合，镜中徒添数茎华发，集中徒添数首惆怅诗，供读者回肠荡气，虹生亦无乐乎闻此遇也。

江春靡靡，所至山川景物，好到一分，则忆君一分，好到十分，则忆君亦到十分，所至恨不与虹生偕，亦不知此生何日获以江东游览之乐；当面夸耀于君，博君且羡且妒，一抚掌乃至掀髯一相嘲相诟病。已矣，恐难言之矣。

今秋努力，江浙两省为一副考官，目下为欲复晤龚定庵，而埋头作小楷，以冀一得当焉，何如？去年谒孔林，有"清樽三宿孔融家"之句，爱其淳古，与绣山之弟经阁六兄言及，欲缔一重姻好于君家，为他年重到之缘，经阁许之。兹绣山书来，又承虹生作媒，欣慰！欣慰！小女灶下婢所生，人固不论其所自生也。绣山降心许之，乞虹生为我致词曰：谨遵嘉命而已，繁文缛礼，弟皆不知，此后但以一纸书来为定。外有地脚一纸，乞致绣山弟，此时断断不暇作书与绣山矣。

星房、星垣两同年可常常见？见时说定庵心绪平淡，虽江湖长往，而无所牢骚，甚不忘京国也。顺问合潭安乐。

词 篇

菩萨蛮

文廊匼匝屏风曲,轻寒恻恻侵帘泊。秋思正沉吟,秋阴几许深。
无言垂翠袖,粉蝶窥人瘦。蝶也不禁秋,凉花相对愁。

梦芙蓉·本意

背灯欹凤枕,见一珠秋弄,水裙风鬟。露华无力,飞下珊珊影。又微芒不定。月坠金波孤迥。小立空塘,怨红衣半卸,消受夜凉紧。　　脉脉鸳鸯眠正稳。乍莲房,纷坠惊初醒。香重烟轻,愁绝共幽映。五更魂魄冷。吟断锦云休讯。捐佩疑寒,更凌波恐湿,塘外晓风阵。

卜算子·题独立士女

拜起月初三,月比眉儿瘦。不遣红灯照画廊,缥缈临风袖。庭院似清湘,人是湘灵否?谁写长天秋思图,熨得阑干透。

点 绛 唇

日落花梢,恹恹春倦何时省?纱窗又暝,黄月濛濛影。 没个商量,除是和愁等。罗衣冷,香阶红阵,燕子归期定。

虞 美 人

纱窗暝色低迷绿,犹未传银烛。春寒瑟瑟晚来添,玉钏微闻应是换吴棉。 金炉香篆愔愔堕,新月窥人坐。湘帘放下悄含颦,生怕梨花和月射啼痕。

龚自珍

洞仙歌

　　一梳春月，淡溶溶欲上，鸾尾云晴碧天扫。正文窗四扇，缥缈华空，晶艳艳、玉女明灯一笑。　　几番携手处，昙誓天边，寒绿深深帐纱悄。亲手采琼芝，著玉盘中，添香水、养花还小。见说道，仙家梦都无，便梦也如烟，晓凉欺觉。

醉太平

　　长吟短吟，恩深怨深。天边一曲瑶琴，是鸾心凤心。　　香沉漏沉，魂寻梦寻。玉阶良夜愔愔，有花阴月阴。

清平乐

　　垂杨近远，玉鞯行来缓。三里春风韦曲岸，目断那人庭院。
　　驻鞭独自思惟，撩人历乱花飞。日暮春心怊怅，可能纫佩同归。

太常行〔引〕

一身云影堕人间,休认彩鸾看。花叶寄应难,又何况、春痕袖斑? 似他身世,似他心性,无恨到眉弯。月子下屏山,算窥见、瑶池梦还。

端　正　好

数年华闲中黯黯,记不起、谁恩谁怨。金炉香袅昼沉沉,并叠作,闲愁片。　月明花满天如愿。也终有、酒阑灯散。不如被冷更香销,独自去,思千遍。

霓裳中序第一
《霓裳羽衣》之曲今不传,戏补之

当筵问古月,谁向其间起宫阙?风马云车历历,见桂葆乍迎娇如雪。遥空闻说,说夜来天袂凉绝。惊鸿起、素衣二人,舞罢老蟾泣。飘忽。长风吹急。竟天上人间了隔。仙声一半记得。汉武秦皇,有路难觅。开元庆佳节，算《合乐图》中应识尊前祝、千秋万岁，不须有离别。

长 相 思

　　仙参差，佩参差，数罢鸾期又凤期，彩云西北飞。　　箫一枝，笛一枝，吹得春空月堕时，月中人未归。

又

　　住西楼，话西楼，好梦如云不自由，唤人饧倦眸。　　忆从头，诉从头，银汉茫茫入夜流，人间无尽愁。

天仙子·自赋所藏叶小鸾眉纹诗砚

　　天仙偶厌住琼楼，乞得人间一度游，被谁传下小银钩？烟淡淡，月柔柔，伴我熏香伴我修。

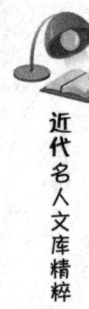

瑶华·董双成画像

　　云英嫁了,弄玉归来,向翠楼琼户。虚无万叠,问取、金阙西厢何处?容华绝代,是王母前头人数。看紫衣、仙佩非耶,汉殿夜凉归去。
　　低鬟小按霓裳,唱月底仙声,记否亲遇?霞宫侍宴,浑忘了,听水听风前度。天青海碧,也只合,其中小住。笑人间,儿女聪明,倒写成双名字。

浪淘沙·写梦

　　好梦最难留,吹过仙洲。寻思依样到心头。去也无踪寻也惯,一桁红楼。中有话绸缪,灯火帘钩。是仙是幻是温柔。独自凄凉还自遣,自制离愁。

如 梦 令

　　本是花宫么凤,降作人间情种。不愿住人间,分付药炉烟送。谁共,谁共?三十六天秋梦。

龚自珍

高阳台

嚼曲含香，吹笙聘月，华年心绪憎憎。十二重帘，重重阁住春阴。花魂蝶梦飞难度，倩何人、料理幽襟？问春人、知否园亭，啼遍流莺。
生愁一点朝云散，把青梅细数，红豆闲吟。尚怯余寒，争教负了香衾。痴鬟不放熏篝稳，坠猩红、半幅吴绫。启湘屏多病心情，忘系花铃。

喝火令

欲赋仙模样，空愁彩笔雕。藕丝衫子郁金翘。立到水芝花上，罗袜未香消。　　端正当窗户，停匀弹步摇。断无幽意上眉梢。只恐凝妆，只恐背人娇，只恐梦回香泪，揩上枕头绡。

木兰花慢

问人天何事，最飘渺，最消沉？算第一难言，断无人觉，且自幽寻。

香兰一枝恁瘦,问香兰何苦伴清吟?消受工愁滋味,天长地久惜惜。兰襟。一丸凉月堕,似他心。有梦诉依依,香传袅袅,眉销深深。故人碧空有约,待归来天上理天琴。无奈游仙觉后,碧云垂到而今。

菩 萨 蛮

行云欲度帘旌去,啼花恨草无重数。吟淡口脂痕,秋心自觉温。秋怀珠与玉,写上罗笺薄。暮暮与朝朝,工愁要福销。

惜 分 钗

金铺晓,搴帷早。嫩寒漠漠欺人觉。雾沉香,额微黄。报道寒梅,也学晨妆,双双。　　明窗掩,重帘软。炉香自炙红丝砚。点银钩,记清愁。待把琴心,寄与西洲,休休。

龚自珍

如梦令

紫黯红愁无绪,日暮春归甚处?春更不回头,撇下一天浓絮。春住,春住。甈了人家庭宇。

金明池

按拍填词,拈箫谱字,白日销磨无绪。春梦断、拈天香草,试怅望美人何处?中余醒、才要醒时,却又被,艳想迷漫遮住。早燕子匆忙,杨花零乱,好煞年光将去。　料理相逢今又误。问除却相思,怎生言语?笺闲恨、丝烦絮乱,制密意、绿愁红妒。甚在工作就慵时,有万种忪惺,十分凝伫。便拚不怀人,从今决绝,如此情惊消否?

一剪梅

一丸微月破黄昏。卷定帘痕,划定炉痕。春归谁与试温存?春瘦三

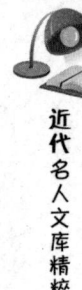

分，人瘦三分。　　柳花桃叶镇纷纷。掩了重门，阁了芳樽。安排怊怅倚罗屏。红字消魂，香字招魂。

青　玉　案

韶光不怨匆匆去。只怊怅、年华误。目断游丝情一缕。断桥流水，夕阳飞絮，可是春归路？　　楼头尽日还凝伫。欲诉闲愁向谁诉？蕙渚花飞天又暮。醒时如醉，醉时如梦，梦也何曾作？

莺啼序·用宋人韵

残年半销金兽，启朱帘琐户。悄凝盼，十里蘅皋，多少心期伤暮？梦回后，半霎凭栏，春烟阁断天涯树。仗莺魂，有力唤起，一天浓絮。昨日闲愁，今朝暗恨，似濛云惹雾。拈彩笔、亲制红词，有人怜赏心素。正沉沉，春深似海，低徊煞，年华金缕。作人间病凤啼莺，原输鸥鹭。　　胭脂含怨，锦瑟生愁，怅春似逆旅。枉二十四番寒暖，次第催完，变了漫空，扑人花雨。钗寒珮瘦，红欹绛病，惺惺胡蝶谁家宿？况连天香草崇兰渡。予怀渺渺，灵修尚隔中央，只恐弃我如土。凌波袜懒，绣线裙松，换吴棉白。为一种心情无奈，断送韶颜，憔悴而今，劝君休舞。浑都不管，愁依怨汝。灵犀一寸分明见，更无须、弄入瑶琴柱。纱窗日落无人，独倚黄昏，有谁省否？

菩萨蛮

吴棉一幅单鸳被，沉沉和雾和香睡。花气湿银屏，红窗斜月明。玉阑干畔路，晓梦无寻处。梦醒转沉吟，花寒恐不禁。

临江仙

一角红窗低嵌月，矮屏山蹙罗纹。梨花情性怕黄昏。泪怜银蜡浅，心比玉炉温。　　底事雏鬟憨不醒，冬冬虯箭宵分。起来亲手放帘痕。春空凉似水，西北有娇云。

又

酒渴思茶交午夜，沉烟闲拨钗梁。小梅花盒教添香。填词浑已懒，何况脱夜裳。　　才把梦儿牢捉住，无端又著思量。十分情愿是回肠。欲抛抛不得，欹枕数鸳鸯。

浣 溪 沙

　　香雾无情作薄寒，银灯吹处气如兰。凭肩人爱夜阑珊。　　花语绿窗凉月听，云欹文枕画鸾看。钗声微戛梦儿难。

又

　　凤胫灯青香篆寒，寻思脉脉未成眠。欹鬟沈坐溜犀钿。　　一帧梅花红似酒，半庭春月暖于烟。红阑干外夜阑珊。

梦 行 云

　　晓峭怯春冷，重帘下，眠未醒。休翻翠被，恐教人惊省。一枝艳艳文窗外，梨花凉弄影。　　唾华襟上，啼红枕上，悲欢事，留浅印。娇柔无语，倩人探心性。十分打叠情怀起，怕花愁月病。

洞 仙 歌

　　轻寒漠漠，又杏花天气，卸了吴棉薄纨腻。把花魂细绾，月梦低敲，闲谱得，十叠新词堪记。　　番番圆艳约，春事迷人，絮影风光太消碎。小病不胜春，懒得秾愁，拚略受，情多风味。又银烛传来劝笺愁，看比玉难红，比箫能脆。

导 引 曲

　　无情绪，无情绪，寂寞掩重门。银蜡心多才有泪，宝香字断更无痕。梨花浸黄昏。

又

　　空相忆，空相忆，庭院四更天。怊怅绿梅花下路，半襟斜月不知寒。凤屧过阑干。

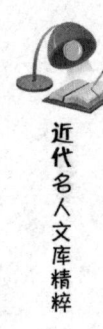

玉联环影

胧月魂傍花阴立。红泪留痕,一片花枝湿。袖儿寒,佩儿寒。依旧五更风急梦吹残。

南 歌 子

香雾漫空湿,珠帘率地横。云围月拥见卿卿,受尽轻怜痛惜不分明。红泪弹前恨,心香警棹盟。瑶华密帐絮三生,怊怅五更风急断魂惊。

桂 殿 秋

六月九日,夜梦至一区,云廊木秀,水殿荷香,风烟郁深,金碧嵯丽。时也方夜,月光吞吐,在百步外,荡瀁气之空濛,都为一碧,散清景而离合,不知几重?一人告予:此光明殿也。醒而忆之,为赋两解。

明月外，净红尘，蓬莱幽窅四无邻。九霄一派银河水，流过红墙不见人。
惊觉后，月华浓。天风已度五更钟。此生欲问光明殿，知隔朱扃几万重？

忆 瑶 姬

唳鹤吟鸾。悄千门万户，夜静尘寰。玉京宫殿杳，怅九霄仙佩，不下云軿。今生小谪，知自何年？消尽炼琼颜，料素娥，今夕无人问，裙袂生寒。　　定万古、长对晶盘。敛庄严宝相，独坐婵媛。幽怀知有恨，恨玉笙吹彻，彻骨难眠。双成问讯，青女凭肩。瑶华筵宴罢，长风起、吹堕离。愁到世间。

梦玉人引

一箫吹。琼栏月暖，锦云飞，十丈银河，挽来注向灵扉，月殿霞窗，动春空，仙籁参差。报道双成，乍搴了罗帏。陡然闻得，青凤下西池。奏记帘前，佩环听处依稀。不是人间话，何缘世上知？梦回处，摘春星、满把累累。

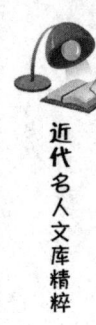

意 难 忘

凉月珊珊。伴兰心玉性,试语还难。秋花分小影,秀句写冰纨。眉意浅,佩声残,有珍重千般。略逗伊,隐花裙上,竹叶斑斑。知音何苦轻瞒?者温存隐秀,慧思华年,明明通尔汝,瑟瑟数悲欢。携手际,试釁间。是意暖神寒。玉漏沈,芙蓉睡也,重靠阑干。

丑奴儿令

鸾笺偷写伊名字,琴语依稀。筝语依稀,花影无媒忽进帏。兰因絮果从头问,吟也凄迷。掐也凄迷,梦向楼心灯火归。

凤 栖 梧

谁边庭院谁边宅?往事谁边?空际层层叠。坐暖一方屏底月。背人蜡影幢幢灭。　万种温馨何用觅?枕上逃禅,遣却心头忆。禅战愁心无气力，自家料理回肠直。

台城路·送姚怡云之江南

平生未信江南好，输君者番归去，明月扬州，古来英丽，端合仙才人在。俊游自许。有载酒词场，吹箫仙侣。艳想秾愁，一齐翻入四红谱。西风吟绪正苦。又牵情冶柳，离恨千缕。瘦砚敲霜，古笺啼月，真个销凝无主。相思怨汝。教独自凭楼，冷吟谁语？一掬芙蓉，送君肠断句。

鹊桥仙

同袁兰村，汪宜伯小憩僧寺，宜伯制《金缕曲》见示，有"望南天，倚门人老，敢云披薙"之句。余惊其心之多感，而又喜其词之正也，倚此慰之。

飘零也定，清狂也定，莫是前生计左。才人老去例逃禅，问割到、慈恩真个？　吟诗也要，从军也要，何处宗风香火？少年三五等闲看，算谁更，惊心似我？

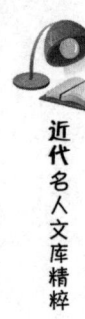

浪淘沙·有寄

别梦醒天涯，怊怅年华，怀人无奈碧云遮。我自低迷思锦瑟，谁怨琵琶？小字记休差，年纪些些。苏州花月是儿家。紫杜红兰闲掐遍，何处蘋花？

水调歌头·寄徐二义尊大梁

去日一以驶，来日故应难。故人天末不见，使我思华年。结客五陵英少，脱手黄金一笑，霹雳应弓弦。意气渺非昔，行役亦云艰。　湖海事，感尘梦，变朱颜。空留一剑知己，夜夜铁花寒。更说风流小宋，凄绝白杨荒草，谁哭墓门田？游侣半生死，想见涕潺湲。

又

辛未六月二日，风雨竟昼，检视败麓

中严江宋先生遗墨，满眼凄然，赋此解。

风雨飒然至，竟日作清寒。我思芳草不见，忽忽感华年。忆昔追随日久，镇把心魂相守，灯火四更天。高唱夜乌起，当作古人看。　　一枝榻，一炉茗，宛当前。几声草草休送，万古遂茫然。仙字蟫饥不食，故纸蝇钻不出，陈迹太辛酸。一掬大招泪，洒向暮云间。

点绛唇·十月二日马上作

一帽红尘，行来韦杜人家北。满城风色，漠漠楼台隔。目送飞鸿，影入长天灭。关山绝。乱云千叠，江北江南雪。

瑶台第一层

某侍卫出所撰《王孙传》见示，爱其颇有汉晋人小说风味，属予为之引，因填一词括之，戏侑稗家之言。

无分同生偏共死，天长恨较长。风灾不到，月明难晓，昙誓天旁。偶然沦谪处，感俊语。小玉聪狂。人间世，便居然愿作，长命鸳鸯。　　幽香，兰言半枕，欢期抵过八千场。今生已矣，玉钗鬖卸，翠钏肌凉。赖红巾入梦，梦里说别有仙乡。渺何方？向琼楼翠宇，万古携将。

行 香 子

道中书怀,与汪宜伯。

跨上征鞍,红豆抛残,有何人、来问春寒?昨宵梦里,犹在长安。在凤城西,垂杨畔,落花间。　红楼隔雾,珠帘卷月,负欢场、词笔阑珊。别来几日,且劝加餐。恐万言书,千金剑,一身难。

醉太平·道中作

鞍停辔停,云行树行。东风昨夜吹魂,过青山万痕。　春浓梦沉,愁多酒醒。一天飞絮愔愔,搅离怀碎生。

唐多令·道中书怀

二十五长亭,垂杨照眼青。付春风、短梦零星。斜倚雕鞍无气力,浑不似，俊游人。　春意太憨生，春愁唤不醒。负华年、谁更怜卿？惟有填词情思好，无恙也，此花身。

菩萨蛮·效蕃锦集

娇鬟堆枕钗横凤，青春酒压杨花梦。翠被夜徒熏。娇郎痴若云。波痕空映袜。艳净如笼月。明月上春期。轻红擘荔枝。

蝶恋花

酒压春愁春卷絮。燕子归来，苦说年华误。半晌怀人搔首伫，落梅风急闲庭暮。　辛苦痴怀何用诉？曲曲香痕，曲到无凭据。安顿惜花心事处，谢他昨夜风和雨。

水龙吟·题家绣山《停琴听箫图》

红楼一角沈沈，那厢灯火秋娘院。露寒花重，愁多指涩，酒醒人远。蓦

听离鸾，旋来泣凤，累人猜遍。有相思两字，呼之欲出，秋意裂，冰纹断。

两下衷情低按，者沈吟、偿他凄怨。分明不是，山重水叠，几痕纱缦。六曲春星，二分明月，可怜齐转。把芳心整起，兜衾傍枕，倘能寻见。

高 阳 台

南国伤谗，西洲怨别，泪痕淹透重衾。一笛飞来，关山何处秋声？秋花绕帐瞢腾卧，醒来时、芳讯微闻。费猜寻，乍道兰奴，气息氛氲。

多愁公子新来瘦，也何曾狂醉，绝不闲吟。璧月三圆，江南消息沈沈。魂消心死都无法，有何人、来慰登临？劝西风，将就些些，莫便秋深。

鹊踏枝·过人家废园作

漠漠春芜春不住。藤刺牵衣，碍却行人路。偏是无情偏解舞，濛濛扑面皆飞絮。　　绣院深沈谁是主？一朵孤花，墙角明如许！莫怨无人来折取，花开不合阳春暮。

鹊楼仙

种红梅一株于竹下，赋此。

文窗一碧，萧萧相倚，静袅茶烟一炷。籞龙昨夜叫秋空，似怨道，天寒如许！　　安排疏密，商量肥瘦，自剧苔痕辛苦。从今翠袖不孤清，特著个、红妆伴汝。

金缕曲·沈虹桥广文小像题词

老矣东阳沈！算平生徵歌说剑，十分疏俊。太华秋高攀云上，百首淋浪诗兴。有多少、唐愁汉恨？忽地须弥藏芥里，取一痕、瘦石摩挲认。颠岂敢，癖差近。　　伊余顽质君休问！笑年来、光芒万丈，被他磨尽。愧煞平原佳公子，骏马名姝投赠。只东抹西涂还肯。两载云萍交谊在，更十行、斜墨匆匆印。他日展，寄芳讯。

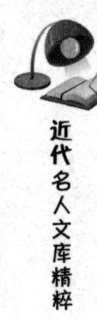

摸鱼儿·乙亥六月留别新安作

者溟濛，江云岳雨，是谁招我来住？空桑三宿犹生恋，何况三年吟绪？来又去。可题遍、莲花六六峰头路？幽怀更苦。问官阁梅花，谁家公子，来咏断魂句。

眠餐好，多谢溅行嘱咐。吾家有妹工赋。相思咫尺江关耳，切莫悲欢自诉。君信否？只我已年来、飞气消花絮。词章不作。倘绝业成时，年华尚早，听我壮哉语。

卖花声·舟过白门有纪

帆饱秣陵烟。回首依然。红墙西去小长干。好个当垆人十五，春满垆边。　　如此六朝山、消此鸦鬟。雨花云叶太阑珊。百里江声流梦去，重到何年？

百字令

苏州晤归夫人佩珊,索题其集。

扬帆十日,正天风,吹绿江南万树。遥望灵岩山下气,识有仙才人住。一代词清,十年心折,闺阁无前古。兰霏玉映,风神消我尘土。人生才命相妨,男儿女士,历历俱堪数。眼底云萍才合处,又道伤心羁旅。南国评花,西州吊旧,东海趋庭去。红妆白也,逢人夸说亲睹。

摸鱼儿

钮布衣话东西两湖,洞庭之胜并出,示《山中探梅卷子》,因题。

数东南,千岩万壑,君家第一奇秀。雪消缥缈峰峦下,闲锁春寒十调。春乍漏。有樵笛来时,报道燕支透。花肥雪瘦。向寂寂空青,潺潺古碧,铁干夜龙吼。　幽人喜,扶杖欣然而走。酒神今日完否?山妻妆罢浑无事,供佛瓶中空久。枝在手,好赠是、芦帘纸阁归来守。寒图写就。看画稿奴偷,词腔婢倚,清梦不僝僽。

减 兰

偶检业纸中，得花瓣一包，纸背细书辛幼安"更能消几番风雨"一阕，乃是京师悯忠寺海棠花，戊辰暮春所戏为也。泫然得句。

人天无据，被侬留得香魂住。如梦如烟，枝上花开又十年。十年千里，风痕雨点斓斑里。莫怪怜他，身世依然是落花。

长 相 思

海棠丝，杨柳丝，小别风丝雨也丝，春愁乱几丝。　早寒时，暮寒时，江上春潮平岸时，谢庭书到时。

满 江 红

代家大人题苏刑部《塞山奉使卷子》。

草白云黄，壁立起、寒山青陡。谁貌取、书生骨相，健儿身手。地拱龙兴犄角壮，时清鹭斥消烽久。仗征人、笛里叫春回，歌杨柳。　　飞鸿去，泥踪旧。奇文在，佳儿守。问摩挲三五，龙泉存否？我亦高秋三扈跸，穹庐落日鞭丝骤。对西风、挂起北征图，沾双袖。

台 城 路

女郎有字翠生者，酒座中有摧抑不得志之色，赋此宠之。

城西一角临官柳，阴阴画楼低护。冶叶倡条，年年惯见，露里风中无数。谁家怨女。有一种工愁，天然眉妩。红烛欢场，惺忪敛袖镇无语。　　相逢纵教迟暮。者春潮别馆，牢记迎汝。我亦频年，弹琴说剑，憔悴江东风雨。烦卿低诉。怕女伴回眸，晓人心绪。归去啼痕，夜灯瞧见否？

百字令·投袁大琴南

深情似海,问相逢初度,是何年纪?依约而今还记取,不是前生夙世。放学花前,题诗石上,春水园亭里。逢君一笑,人间无此欢喜。
无奈苍狗看云,红羊数劫,悯悯休提起!客气渐多真气少,汩没心灵何已?千古声名,百年担负,事事违初意。心头阁住,儿时那种情味。

金缕曲·赠李生

海上云萍遇。笑频年、开樽说剑,登楼选赋。十万狂花如梦寐,梦里花还如雾。问醒眼,看时何许?侬已独醒醒不惯,悔黄金、何不教歌舞?明月外,思清苦。　　奇才未必天俱妒?只君家、通眉长爪,偶然仙去。花月湖山骄冶甚,一种三生谁付?只片语、告休怒。收拾狂名须趁早,鬓星星、渐近中年路。容傍我,佛灯住。

虞 美 人

陆丈秀农杜绝人事，移居城东之一粟庵，暇日以绿绡梅花帐额索书，因题词其上。

江湖听雨归来客，手剪吴淞碧。笛声叫起倦魂时，飞过濛濛香雪一千枝。　少年多少熏兰麝，金凤钗梁挂。年来我但写莲经，要伴荒庵一粟夜灯青。

湘 月

壬申夏，泛舟西湖，述怀有赋，时予别杭州盖十年矣。

天风吹我，堕湖山一角，果然清丽。曾是东华生小客，回首苍茫无际。屠狗功名，雕龙文卷，岂是平生意？乡亲苏小，定应笑我非计。才见一抹斜阳，半堤香草，顿惹清愁起。罗袜音尘何处觅？渺渺予怀孤寄。怨去吹箫，狂来说剑，两样消魂味。两般春梦。橹声荡入云水。

金缕曲·癸酉秋出都述怀有赋

我又南行矣！笑今年鸾飘凤泊，情怀何似？纵使文章惊海内，纸上苍生而已，似春水，干卿何事？暮雨忽来鸿雁杳，莽关山、一派秋声里。催客去，去如水。　　华年心绪从头理。也何聊、看潮走马，广陵吴市？愿得黄金三百万，交尽美人名士。更结尽、燕邯侠子。来岁长安春事早，劝杏花、断莫相思死。木叶怨，罢论起。

湘　月

甲戌春泛舟西湖赋此。

湖云如梦，记前年此地，垂杨系马。一抹春山螺子黛，对我轻颦姚冶。苏小魂香，钱王气短，俊笔连朝写。乡邦如此，几人名姓传者？平生沈俊如侬，前贤尚作，有臂和谁把？问取山灵浑不语。且自徘徊其下。幽草黏天，绿阴送客，冉冉将初夏。流光容易，暂时著意潇洒。

水调歌头

《黄河归棹图》者,秣陵王竹屿观察凤生之所作也。君老于河防,当局甚向用君,由同知奏擢河北观察矣。君忽移病归,指未可知,聊献感慨之词焉。

落日万艘下,气象一何多?何人轻掷纱帽,帆影掠天过?郦上通侯如彼,江左夷吾若此,不奈怒鲸何!挥手谢公等,径欲卧烟萝。 当局者,问何似?此高歌!著书传满宾客,余事貌渔蓑。贱子平生出处,虽则闲鸥野鹭,十五度黄河。面皱怕窥景,狂论亦消磨。

前 调

竹屿病起,遂有都转江淮之命,重晤京师,属赋一词送别,仍书于《黄河归棹图》卷尾。

当局荐公起,清望益嵯峨。旌旗者番南下,百骑照涛波。帝念东南民瘼,一发牵之头动,亲问六州蹉。宾客故人喜,愁绪恐公多。公此去,令公喜,法如何?金钱少府百万,挽入鲁阳戈。公是登场鲍老,莫遣登场郭老,辩口尚悬河。猿鹤北山下,一任檄文过。

菩萨蛮·汉宫熏炉

冶蓝活翠沈沈碧，人间无此消魂色。谁爇此炉香，才人居未央。
摩挲还未忍，心上温靡肯。梦到古长安，茂陵春雨寒。

洞 仙 歌

壬辰春，忆羽琌山馆之玉兰花，用钱谢庵集中"病中梅花开到九分"韵。

江东猿鹤，识人间花事，十丈辛夷著花未？忆春分尚早，梅信才完，花开了，狂蝶痴莺都睡。　此花开近处，不是朱楼，杰阁三层绝依倚。高与玉山齐，露下遥天，定勒令，并桃回避。又七载低颜软尘红，向金马词场，讯他荣悴。

前　　调

　　青阳尚书有女公子与内子友善，贻内子漳兰一盆，密叶怒花。俄女公子仙去，兰亦死，弃盆灶间三年矣。今年夏，灶人来告兰复生，数之得十有四箭，徒还书斋，赋此记异。则乙未六月十九日也。

　　香车枉顾，记临风一面，赠与琅玕簌如箭。奈西风信早，北地寒多，埋没了，弹指芳华如电。　　琴边空想像，陈迹难寻，谁料焦桐有人荐？甘受灶丁怜，紫玉无言，惭愧煞，主人相见。只未必香魂夜归来，诉月下重逢，三生清怨。

江　城　子

　　光州吴水部有姬人善制焙青豆；姬亡后，小窗茶话，仍出青豆供客，俊味如昨，而水部霜辛露酸，不可为抱；语余：君如怜此物矜重者，赠我一词。

　　不容红豆擅相思。谢芳姿，嫁多髭。长爪仙人，化去已多时。屏角迷藏帘畔景，留客罢，怪来迟。　　小窗梅雨浥空卮。掬芳蕤，播幽篱。疗

可枯禅，难疗有情痴。各有伤心茶话在，各焙出，鬓边丝。

百 字 令

乙未立秋日，同年庆渔山户部勋，招同吴虹生舍人葆晋，马湘帆户部沅、戴云帆水部絅孙、步香南编修际桐、徐镜溪水部启山、集城北积水潭秋禊，登西北高楼纵饮。

江郎未老，尚追陪彩笔，多情俊侣。禁苑山光天尺五，西北朱甍无数。珂珮晨闲，文章秋横，祓禊西山雨。尊前酹起，茶陵来和诗句。猛记旧约湖山，长湾消夏，一舸寻幽去。裙褶留仙无处问，瑟瑟秋荷南浦。易稳鸥眠，难消虹气，且合词场住。桥名相似，吟鞭醉失归路。

青 玉 案

乾隆壬寅，潘兰公编修画柳，自题一词，甚凄惋。此轴藏沈听篁编修家，听篁属和原韵，书轴尾。

钱塘词伯春怀动。正献罢，《长杨颂》。门外缁尘飞玉鞚。长条冶叶，明窗画出，西子湖边梦。　　三生清怨凭谁送？悔向灵和殿前种。头白沈郎官供奉。要添几笔，濛濛飞絮，漠漠春芜重。

龚自珍

南 乡 子

相见便情长,只有琅琊大道王。三百年来文物感,苍茫。身到亭亭九友旁。　　梅雨好凄凉,颭颭我丹青一扇香。袖里珍擎怀里握,收藏。合配君家赋九行。

鹧鸪天·题于湘山《旧雨轩图》

双桨欧波又一时,大堤秋柳梦中垂。关心我亦重来客,牢落黄金揖市儿。　　长铗怨,破箫词。两般合就鬓边丝。兔毫留住伤心影,输与杭州老画师。

贺 新 郎

长白定圃公子奎耀,示重阳《忆菊词》,依韵奉和。

梦断秋无际。滞幽人、一天残照，苍凉诗意。何处帘栊何处院，金管玉箫浓醉。有词客、如云而至。侬有词场云水外，但凭栏、送尽征鸿字。芳讯杳，几华佩。　　春人只为春愁死。几曾谙、篱边酒冷，笛边风起。性懒情多兼骨傲，直得销魂如此。与涧底、孤松一例。谁料平原佳公子，也一般、识得秋滋味？秋士怨，可知矣。

凤凰台上忆吹箫

丙申三月，同年徐廉峰编修宝善。招同朝士十八人，宴集丰宜门外花之寺海棠花下，醉赋。

白昼高眠，清琴慵理，闲官道力初成。任东华人笑，大隐狂名。侥幸词流云集，许陪坐裙屐纵横。看花去。哀歌弦罢，策蹇春城。　　连句，朝回醉也，纵病后伤多，酒又沾唇。对杜陵句里，万点愁人。若使鲁阳戈在，挽红日重作青春。江才尽，抽思骋妍，甘避诸宾。

暗　　香

姑苏小泊作也。红烛寻春，乌篷梦雨，一时情事，是相见之始矣。

一帆冷雨，有吴宫秋柳，留客小住。笛里逢人，仙样风神画中语。我是瑶华公子，从未识、露花风絮。但深情、一往如潮，愁绝不难赋。花雾，障眉妩。更明烛画桥，催打官鼓。琐窗朱户，一夜乌篷梦飞去。何日量珠愿了，月底共、商量箫谱？持半臂亲来也，忍寒对汝。

摸鱼儿

二月八日，重见于红茶花下，拟之明月入手，彩云满怀。

笑银釭、一花宵绽，当筵即事如许！我侬生小幽并住，悔不十年吴语。凭听取，未要量珠，双角山头路。生来蓬户。只阿母憨怜，年华娇长，寒暖仗郎护。　筝和笛，十载教他原误。人生百事辛苦。五侯门第非侬宅，剩可五湖同去。卿信否？便千方商量、千万依分付。花间好住。倘燕燕归来，红帘双卷，认我写诗处。

浪淘沙·书愿

云外起朱楼，缥缈清幽。笛声叫破五湖秋。整我图书三万轴，同上兰舟。　镜槛与香簝，雅憺温柔。替侬好好上帘钩。湖水湖风凉不管，看汝梳头。

洞仙歌·云缬鸾巢录别

　　高楼灯火,已四更天气,吴语喁喁也嫌碎。者新居颇好,旧恨堪销,壶漏尽、侬待整帆行矣。　　从今梳洗罢,收拾筝箫,匀出工夫学书字。鸠鸟倘欺鸾,第一难防,须嘱咐莺媒回避。只此际箫郎放心行,向水驿寻灯,山程倚辔。

清　平　乐

　　人天辛苦,恩怨谁为主?几点枇杷花下雨,葬送一春心绪。
　　梦中月射啼痕,卷中灯炧诗痕。一样嫦娥瞧见,问他谁冷谁温?

又

　　万千名士,慰我伤残意。怜我平生无好计,剑侠千年已矣!
　　西溪西去烟霞,茅庵小有梅花。绣佛长斋早早,忏渠燕子无家。

法曲献仙音·录言

蓝布衫儿,墨绌裙子,未要艳妆明抹,小小吴舢,山平水软,略昉鸥夷一舸。待月上,清风细,无眠傍人坐。倦无耶!细商量隐沦休错,年纪小,料理五湖清妥。绕屋种梅花,折梅花供佛供我,相鹤书成,又烦卿细校灯火。笑平生清恙,闲话一番医可。

惜 秋 华

癸酉初秋,汪小竹水部斋中见秋花有感,一一赋之,凡七阕,弃稿败筐中,已十一年矣。兹补存其三阕,以不没当年幽绪云。

瑟瑟轻寒,正珠帘晓卷,秋心凄紧。瘦蝶不来,飘零一天宫粉。莫令真个敲残,留傍取、玉妆台近。窥镜乍无人,一笑平添幽韵。　芳讯寄应准。待穿来弱线,似玲珑情分。移凤褥,欹宝枕,露乾香润。秋人梦里相逢,记欲堕、又还黏鬓。醒醒,海棠边慰他凉靓。

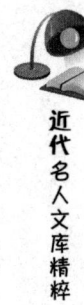

减 兰

阑干斜倚,碧琉璃样轻花缀。惨绿横糊,瑟瑟凉痕欲晕初。
秋期此度,秋星淡到无寻处。宿露休搓,恐是天孙别泪多。

露 华

一痕轻软。爱尽日沈沈,禅榻香满。别样珑松,小擘露华犹泫。斜挑玉柱停匀,握处兜罗难辨。幽佳地,龙涎罢烧,银叶微暖。

空空妙手亲按。是金粟如来,好相曾现。祇树天花,一种庄严谁见?想因特地拈花,悟出真如不染。维摩室,茶瓯经卷相伴。

湘 月

朱纯子留宿钓鱼村三日,归后代柬,兼乞梅花。

勾留几日，把六朝俊语，取次听熟。只说《西洲》清怨极，谁分者般秾福？北海琴尊，东山弦管，小部冷冷曲。昨宵梦里，画屏犹自银烛。　　别后小有清吟，都无狂醉，冷煞闲官阁。看取萧萧鸾尾影，翠袖天寒同宿。钱笛吹残，瑶笺谱剩，料得怜幽独。一枝赠我，安排早有金屋。

浣 溪 沙

春倦如云不自持，起书花叶畏人知。斜阳倭妥绣帘垂。
凤约倥偬难解恨，莺斯懊恼莫填词。泪痕红上海棠枝。

卜 算 子

江上有高楼，可以湖楼迥？楼外文波曲曲通，不驻惊鸿影。
苹叶弄斜晖，兰蕊凋明镜。蒻尽秋花漠漠寒，人卧江南病。

洞 仙 歌

平生有恨,自酸酸楚楚,十五年来梦中绪。是纱衣天气,帘卷斜阳,相见了、有阵疏疏微雨。 临风针线净,爱惜余明,抹丽鬟低倚当户。庭果熟枇杷,亲蘸糖霜,消受彻、甘凉心腑。索归去依侬梦儿寻,怕不似儿时,那般庭宇。

高 阳 台

宫烛凄烟,庭梅妒月,扬州曾记元宵。几度相逢,云萍依旧飘萧。谢娘风格清寒甚,捧红丝劝写无聊。尽辜他,明月楼台,夜夜吹箫。 明知相约非相误,奈莺期不定,鸾镜终抛。万一重逢,墨痕留认鲛绡。青衫不渍清樽影,只模糊,红泪难销。且禁他,今夜江风,明夜江潮。

南　浦

　　端阳前一日，伯恬填词题驿壁上，凄魂曼绝，余亦继声。

　　羌笛落花天，办香鞯、两两愁人归去。连夜梦魂飞，飞不到，天堑东头烟树。空邮古戍，一灯败壁然诗句。不信黄尘消不尽，摘粉搓脂情绪。
　　登车切莫回头，怕回头还见，高城尺五。城里正端阳，香车过，多少青红儿女。吟情太苦，归来未算年华误。一剑还君君莫问，换了江关词赋。

齐　天　乐

　　同年生冯晋渔，海南人，曾两梦至江南之弇山，自言两度神游，毫发不异。出《梦游弇山》第五图乞题。予幼信转轮，长窥大乘，执鬼中讯巫阳，知其为元美后身矣。填此阕奉报，蹈绮语戒，虽未知后何如，要不免流转文字海也。

　　东涂西抹寻常有，精灵可怜如许！兜率天中，修罗海上，各是才人无

数。魂兮记取。那半壁青山，我佣曾住。花月濛濛，魂来魂往定相遇。

多君今世相访，东南三百载，屈指吟侣。花叶书成，云萍影合，沟水无情流去。宾朋词赋。好换了青灯，戒钟悲鼓。翻遍《华严》，忏卿文字苦。

绮 寮 怨

江铁君近词有云："细慧煎春，枯禅蠹梦，都付落叶哀吟。"读之潸然，因填此解，用宋人史邦卿韵。

一榻茶烟午寂，落花天易阴。何人向、花外吹箫，惹清梦，飞出幽林。江东俊游今倦，被怨曲，拨起情怎禁？种闲愁，容易生苗，怕红豆，绿芜春又深。　　人去休操断琴。他生何许，此生有约难寻。烟锁登临，门巷昼沉沉。天涯美人憔悴，云水外，定伤心。伤心怕吟。要销遣除听，千偈音。

长 相 思

同年生冯晋渔，少具慧根而不信经典，与予异也。尝有买宅洞庭、携鬟吹笛终焉之志，与予同也。软红十丈中，尘福易易，恐践此约大难。两人者，互相揶揄。一日，同过画肆，见旧册山水绝妙，晋渔购之归，乃《莫釐石公图》也，相对欷歔！予作此二词，附册尾，既为祷祝之词，又以见山川清福，亦须从修习而来，殆不可妄得也。借以勖之。

山溶溶，水溶溶，如梦如烟一万重。谁期觉后逢。　恨应同，誓应同，同礼心经同听钟，忏愁休更慵。
画楼高，画船摇，君领琵琶侬领箫。双鬟互见招。　茗能浇，药能烧，别有今生清课饶。他生要福销。

清　平　乐

以北平石墨数种，拓寄顾涧苹丈，附以小词。

黄尘扑面，寒了盟鸥愿。问我名场谁数见？冷抱韩陵一片。
别来容易经秋，吴天清梦悠悠。梦到一湾渔火，西山香雪归舟。

卜　算　子

曾在曲阑干，瞥见纱裙傍。花影濛松细步回，月底帘钩上。
重到曲阑干，记起人模样，万劫千生再见难，小影心头葬。

丑奴儿令

沉思十五年中事,才也纵横。泪也纵横,双负箫心与剑名。
春来没个关心梦,自忏飘零,不信飘零,请看床头金字经。

摸 鱼 儿

题顾树萱《桃叶归舟卷子》,时壬午闰春也。

又漫天、飞花飞絮,一番春事无据。朝朝送客长亭岸,身似芦沟柳树。归计阻。但打叠吟魂,飞过黄河去。输君容与。者双鬟吹笙,双声问字,双桨夜呼渡。 他生约,亦在五湖烟雨。笛床歌板何处?才人病后风情死,负了莫釐龙女。还肯否?重整顿清狂,也未年华暮。幽怀漫诉。要瀹茗烦他,舣舸待我,商略买山句。

龚自珍

清平乐·题胡鱼门《山居卷子》

东南词赋，屈指尊前数。雨打风吹潮卷去，依旧能狂只汝。
叩君画里禅关，忆侬梦里烟鬟。何日两枝玉笛，双双吹入春山。

百 字 令

蒋伯生得顾横波夫人小像，靳予曰：君家物也。为填一词。

龙华劫换，问何人料理，断金零粉？五万春花如梦过，难遣些些春恨。帐弹春宵，枕欹红玉，中有沧桑影。定山堂畔，白头可照明镜？记得肠断江南，花飞两岸，老去才还尽。何不绛云楼下去，同礼空王钟磬。青史闲看，红妆浅拜，回护吾宗肯。漳江一传，心头蓦地来省。

齐 天 乐

重晤宋于庭于都门,酒半,出《高楼风雨卷子》乞词。见面殊不易易,故多为私心祷祝之词,且坚它年邻约,非如图中荒寒本相矣。

相逢怕觅闲文字,替卿疗可春病。难道才人,风风雨雨,埋却半生幽恨?维摩消损,有如愿天花,泥人出定。一样中年,万千心绪待重整。天涯此楼休问,一番枯寂后,须画金粉。红烛填词,青绫拥被,春雨劝伊同听。参禅也肯,笑有限狂名,忏来易尽。两幅青山,两家吟料并。

好事近人·八月初十日即事

兰桨昨同游,今日下楼无力。嗔我凌晨来早,道不曾将息。欢容惨黛霎时并,此景最难得。别有神方持赠,为清明寒食。

生查子·又即事一首

关了绿纱窗,松了湘裙衩。言病复言愁,絮絮云屏下。　　我已厌言愁,不理伤心话。翻愿得娇嗔,故惹莺喉骂。

隔溪梅令·《羽陵春晚》画册

矮桃花压石玲珑。似巫峰。花底鞋儿花外,月如弓,入怀同不同?郁金裙褶晚来松。倦临风。莫把胭脂先染,玉笙红。制愁词思慵。

丑奴儿令

将返羽琌别墅,留别沧浪亭僧。

赤栏桥外垂杨柳,似我秋心。一阵秋阴,槭槭萧萧秋便深。佛前容我摊经坐,细剔龛灯。多谢诗僧,明夜挐舟又羽陵。

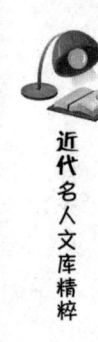

人 月 圆

绿珠不爱珊瑚树,情愿故侯家。青门何有?几堆竹素,二顷梅花。急须料理,成都贳酒,阳羡栽茶。甘心费尽,三生慧业,万古才华。

天 仙 子

古来情语爱迷离,恼煞王昌十五词。楚天云雨到今疑。铺玉版,捧红丝,删尽刘郎本事诗。

江 城 子

自题《羽陵春晚》画册,改《隔溪梅令》之作。

假山修竹隐蒙茸。忒玲珑,似巫峰。竹外楼台,薄暝一重重。为数春星贪久立,苍薛上,印鞋弓。　留仙裙褶晚来松。落花风,去匆匆。先把胭脂，染得玉笙红。此夜酒边词笔健，银烛焰，吐如虹。

阮郎归·代某校书送某书记

碧桃花底醉春游，横波先自秋。明朝何况送兰舟，情多易注眸。
纨扇小，纻衣修，关山寸寸愁。今番嫩约怕沉浮，申江不许流。

台　城　路

　　赋秣陵卧钟，在城北鸡笼山之麓，其重万钧，不知何代物也？

　山陬法物千年在，牧儿叩之声死。谁信当年，樏槌一发，吼彻山河大地？幽光灵气，肯伺候梳妆，景阳宫里？怕阅兴亡，何如移向草间置？
　漫漫评尽今古，便汉家长乐，难寄身世。也称人间帝王宫殿，也称斜阳萧寺。鲸鱼逝矣！竟一卧东南，万牛难起。笑煞铜仙，泪痕辞灞水。

鹊桥仙·秦淮不访

昨朝相见,浑如不见,鹦鹉催妆无力。香消茶熟等多时,才镜槛回廊一瞥。今朝不见,胜如重见,庭院暮寒时节。城阆灯火促归舟,露帘里惨红裙褶。

隔溪梅令·即景

林檎叶叶拂僧窗,闪青缸。墨菊如烟,淡与影儿双,吠星何处龙?梦中词笔小玎珰,寄吴舫。欲剪芙蓉,生恐负兰茝,不曾轻涉江。

好 事 近

行箧中有小像一幅,以词为赞。

三界最消魂,只有辩才天女。半世从无一句,是平常言语。

倘然生小在侯家，天意转孤负。作了槛花笼鹤，怎笑狂如许！

台 城 路

　　同人皆诇知余近事，有以词来贶者，且促归
　期，良友多情，增我回肠荡气耳。

　吴棉已把桃笙换，流光景惊羁旅。蜡屐寻山，黄泥封酒，小有逢迎今雨。《怀沙》辍赋。梦不到南州，邓林夸父。且逐寒潮，金阊一角饯秋去。　觉来谁与相遇？有卷中姚合，楼上孙楚。催我归舟，鸳鸯牒紧，莫恋闲鸥野鹭。青溪粥鼓。道来岁重寻，须携箫侣。多谢词仙，低回吟冶句。

应 天 长

　　移寓城北之四松庵，溪山幽绝，人迹罕至，晓
　起倚高阁，赋此。

　山僧许我移茶灶，不用当关仙鹤报。松杉杪，钟鱼杳。天际真人相揖笑。　梦回曾似到，记得卷中秋晓。我吞长虹一啸。吴天落月小。

点绛唇·补记四月之游

典却珠钗,高楼特启樱桃宴。江风吹栋,恰喜鲥鱼荐。　　不许偎红,只许深杯劝。窗三面,推开一扇,故使雏鬟见。

好事近·补记仲夏情事

名俊出天然,字近曹娥碑格。何以报他纨扇,馈一筐梅实。平江暮雨太酸生,江上黯行色。行过松陵古道,得断肠消息。

虞美人

高楼卜罢乌尼至,读我龙鸾字。门前青翰泊双双。怕见芙蓉未敢涉秋江。今年青鬓搔逾短,那有忘忧馆?文君倘制《白头吟》,为报相如客里乏黄金。

丑奴儿令·答月坡、半林订游

游踪廿五年前头，江也依稀。山也依稀，少壮沉雄心事违。词人问我重来意，吟也凄迷。说也凄迷，载得齐梁夕照归。

定 风 波

燕子矶头抁笛吹，平明沈玉大王祠。无数蛾眉深院里，晏起。晓霜江上阿谁知？　山诡潮奔千万变，当面。身轻要唤鲤鱼骑。蓦地江妃催我去，飞渡。樽前说与定何时？

一痕沙·录言

东指羽琴山下，小有亭楼如画。松月夜窗虚，待卿居。闲却调筝素手，只合替郎温酒。高阁佛灯青，替钞经。

菩萨蛮·四月十九日薄暮即事

文窗花雾凄然绿，侍儿不肯传银烛。楼外月昏黄，口脂闻暗香。
新来情性皱，未敢偎罗袖。此度夹衣单，蒙他讯晚寒。

减兰

鲻鱼桥下，片片桃花春已谢。不怨桥长，行近伊家土亦香。
茶鸥香炷，多谢小鬟传好语。昨夜罗帏，银烛花明蟢子飞。

贺新郎

侨寓吴下沧浪亭，与王子梅诸君谈艺。

一棹沧浪水。一行行淡烟疏柳，平生秋思。多谢江东风景好，依旧美人名士。有老衲、高谈奇字。使我吴天诗料阔，策蝌文、螺扁三千事。古香馤,在肝肺。　　一箫我漫游吴市。傍龛灯、来称教主,琉璃焰起。病蝶凉蝉狂不得,还许虎丘秋禊。看磨墨,人低双髻。绝胜山东驴子背,惨邮亭、麦饭黄沙里。掷笔罢,傲吾子。

好事近·录言

细雨道家常,生小不矜珠翠。他日郎家消受,愿青裙缟袂。
画梁燕子已无家,那有五侯第?等到岁寒时候,折黄梅簪有髻。

小重山令

碧玉寒门产丽华。误随红叶去,到天涯。明珠一斛坐陪茶。容我见,容我饭胡麻。　　倦返七香车。重寻吴苑柳,石湖花。今年愁到莫愁家。黄金少,典去玉丫叉。

调笑四首

　　花下，花下，金碧朝阳亭榭。独游无味春时，恨煞佳人起迟，迟起，迟起，孤负江山清绮。
　　花月，花月，一片溶溶春阔。佳人情味誉腾，翻爱罗帏拥灯。灯歇，灯歇，我向花阴独立。
　　烹茗，烹茗，闲数东南流品。美人俊辩风生，皮里阳秋太明。皮里，皮里，流品如侬第几？
　　年纪，年纪，不比十三十四。乳名郑重曾探，眉样蹉跎未谙。眉样，眉样，难道峰青江上。

定 风 波

　　拟聘云英药杵回，思量一日万徘徊，毕竟尘中容不得，难说。风前挥泪谢鸾媒。　自古畸人多性癖，奇逸。云中仙鹤怎笼来？须信银屏金屋里，一例。琪花不称槛前栽。

又

除是无愁与莫愁，一身孤注掷温柔。倘若有城还有国，愁绝。不能雄武不风流。　多谢兰言千百句，难据。羽琤词笔自今收。晚岁披猖终未肯，割忍。他生缥缈此生休。

卖花声

近世菊花，纷红骇绿，无复东篱古意，偶客秣陵，得墨菊二本，甚娟妙，小词赏之。

我住秣陵西，怪鸟秋啼，也无墨客对挥犀。何处寻秋何处醉？小妹青溪。　寒菜两三畦，花不成蹊。折归灯下伴凄迷。忽忆青门人缟袂，淡墨曾题。

前调·紫菊有近似墨菊者

谁砑九秋光,玉女玄霜,胭脂队里铁为肠。闻道豪家开夜宴,肯唤秋娘? 秋味黯然长,不要秾香。纸屏六幅绘湘江。影忒似花花似影,小费评量。

清 平 乐

朱石梅以红四荥赠行,报谢,即题其画册后。

芙蓉老去,没个销魂处。今雨不来来旧雨,心与亭台俱古。
青溪一曲盘桓,粥鱼茶饭荒寒。多谢画师慰我,红妆灯桨同还。

南歌子·自题近词卷尾

灵鹊飞秋夕,香车驾暮烟。针儿七个尽情穿。略费玲珑七孔藕心钱。

床上宜施宝，琴中替辨弦。七襄报我定何年？且喜南楼好梦七分圆。

水 龙 吟

  常州汤太夫人《断钗吟》卷子，哲嗣雨生总戎乞题。

  虎头燕颔书生，相逢细把家门说。乾隆丙午，鲸波不靖，凤山围急。愤气成神，大招不反，东瀛荡坼。便璇闺夜闭，影形相吊，髦子矮，秋灯碧。 宛宛玉钗一股，四十年寒光不蚀。微铿枕上，岂知中有，海天龙血？甲子吟钗，壬申以殉，钗飞吟歇。到而今卷里钗声，如变徵，听还裂。

后庭宴·用南唐人韵

  聘乏金钱，贮无金屋。嫁衣不用金泥簇。青袖缟袂话三生，个侬道是楼东玉。 蛮笺宫体闲钞，他日娱卿幽独。我歌得宝，不唱销魂曲。何处是新巢？刺桐花丽瞉。

定风波·五月十二日即事

十里榴花一色裙,三吴争赛楚灵均。吴舞传芭如楚舞,儿女。中流箫管正纷纷。别有高楼人一个,独坐。背灯偷学制回文。许我幽寻凉月下,闲话。去年今日未逢君。

水 龙 吟

江东某大姓以祸死,宠姬十辈,挟金珠散去,一婢坚不去,此婢常着葛裙,人以葛裙呼之。自言:主人尝被酒一召我,我誓报之。豪家吞其屋,葛裙奉木主卧一室坚守,力不支,绝粒毙。豪悯之,扃此室,并其主瘗焉,曰:还汝一块土。

君家花月笙歌,葛裙那许陪宵燕。啸如鲁柱,才如窦锦,遇如班扇。蓬鬓慵妆,峨眉怕妒,天寒谁管?算平生已矣,春风一度,恩歇绝,何曾怨? 一夕仓皇家变,抱琵琶倾城都散。雍门琴碎,雀台香烬,西陵墓远。块土争还,芳魂永守,秋磷如电。忆史家柱叔敖公,千载下,今重见。

浪淘沙·舟中夜起

幽梦四更醒,欸乃声停。吴天月落半江阴。蓦地横吹三孔笛,聘取湘灵。　　螺髻锁娉婷,烟雾青青。看他潮长又潮平。香草美人吟未了,防有蛟听。

杂诗己卯自春徂夏在京师作得十有四首 录二

楼阁参差未上灯,菰芦深处有人行。凭君且莫登高望,忽忽中原暮霭生。

欲为平易近人诗,下笔情深不自持。洗尽狂名消尽想,本无一字是吾师。

能令公少年行 有序

序曰：龚子自祷祈之所言也，虽勿能遂，酒酣歌之，可以怡魂而泽颜焉。

蹉跎乎公！公今言愁愁无终。公毋哀吟娅姹声沈空，酌我五石云母钟，我能令公颜丹鬓绿而与年少争光风，听我歌此胜丝桐。貂毫署年年甫中，著书先成不朽功，名惊四海如云龙，攫拿不定光影同。征文考献陈礼容，饮酒结客横才锋。逃禅一意飯宗风，惜哉幽情丽想销难空。拂衣行矣如奔虹，太湖西去青春峰。一楼初上一阁逢，玉箫金琯东山东。美人十五如花秾，湖波如镜能照容，山痕宛宛能助长眉丰。一索钿盒知心同，再索班管知才工。珠明玉暖春朦胧，吴歈楚词兼国风，深吟浅吟态不同，千篇背尽灯玲珑，有时言寻缥渺之孤踪，春山不妒春裙红，笛声叫起春波龙，湖波湖雨来空蒙，桃花乱打兰舟篷，烟新月旧长相从。十年不见王与公，亦不见九州名流一刺通。其南邻北舍谁与相过从？疴瘘丈人石户农，嵚崎楚客，窈窕吴侬，敲门借书者钓翁，探碑学拓者溪僮。卖剑买琴，斗瓦输铜。银针玉薤芝泥封，秦疏汉密齐梁工，佉经梵刻著录重，千番百轴光熊熊，奇许相借错许攻。应客有玄鹤，惊人无白骢，相思相访溪凹与谷中，采茶采药三三两两逢，高谈俊辩皆沈雄，公等休矣吾方慵。天凉忽报芦花浓，七十二峰峰峰生丹枫，紫蟹熟矣胡麻饭饛。门前钓榜催词筩。余方左抽豪，右按谱，高吟角与宫，三声两声棹唱终，吹入浩浩芦花风，仰视一白云卷空。归来料理书灯红，茶烟欲散颓鬟浓，秋肌出钏凉珑松，梦不堕少年烦恼丛。东僧西僧一杵钟，披衣起展华严筒。噫嘻！少年万恨填心胸，消灾解难畴之功？吉祥解脱文殊童，著我五十三参中。莲邦纵使缘未通，他生且生兜率宫。

夜读番禺集书其尾二首

灵均出高阳，万古两苗裔。郁郁文词宗，芬馨闻上帝。
奇士不可杀，杀之成天神。奇文不可读，读之伤天民。

辛巳除夕与彭同年_{蕴章}同宿道观中彭出平生诗读之竟夜遂书其卷尾

亦是三生影，同听一杵钟。挑灯人海外，拔剑梦魂中。雪色憯恩怨，诗声破苦空。明朝客盈座，谁信去年踪？

小游仙词十五首

历劫丹砂道未成，天风鸾鹤怨三生。是谁指与游仙路？抄过蓬莱隔岸行。

九关虎豹不讥诃，香案偏头院落多。赖是小时清梦到，红墙西去即

银河。

　　玉女窗中梳洗成，隔纱偷眼太分明。侍儿不敢频频报，露下瑶阶湿姓名。

　　珠帘揭处佩环摇，亲荷天人语碧霄。别有上清诸女伴，隔窗了了见文箫。

　　寒暄上界本来稀，不怨仙官识面迟。侥幸梁清一私语，回头还恐岁星疑。

　　雅谜飞来半夜风，鳌山徒侣沸春空。顽仙一觉浑瞒过，不在鱼龙曼羡中。

　　丹房不是漫相容，百劫修成忍辱功。几辈凡胎无觅处，仙姨初豢可怜虫。

　　露重风多不敢停，五铢衫子出云屏。朝真袖屦都依例，第一难笺璎珞经。

　　不见兰旌与桂旐，九歌吹入凤凰箫。云中挥手谁相送？依约湘君旧姓姚。

　　仙家鸡犬近来肥，不向淮王旧宅飞。却踞金床作人语，背人高坐着天衣。

　　谛观真诰久徘徊，仙楮同功一茧裁。姊妹劝书尘世字，莫瞋仓颉不仙才。

　　秘籍何人领九流，一编鸿宝枕中抽。神光照见黄金字，笑到仙人太乙舟。

　　金屋能容十种仙，春娇簇簇互疑年。我来敢恨初桃窄，曾有人居大梵天。

　　吐火吞刀诀果真，云中不见幻师身。上方倘有东黄祝，先乞灵符制雹神。

　　众女蛾眉自尹邢，风鬟露鬓觉伶俜。扪心半夜清无寐，愧负银河织女星。

龚自珍

汉朝儒生行

汉朝儒生不青紫，二十高名动都市。易通田何书欧阳，三十方补掌故史。门寒地远性傥荡，出门无阶媚天子。会当大河决酸枣，愿入薪楗三万矢。路逢绛灌拜马首，拜则盘辟人不喜。归来仰屋百喟生，著书时时说神鬼。生不逢高皇骂儒冠，亦不遇灞陵轻少年。爱读武皇传，不遇武皇祠神仙。神仙解词赋，大人一奏凌云天。枕中黄金岂无药，更生误读淮王篇。自言汉家故事网罗尽，胸中语秘世莫传。略传将军之客数言耳，不惜钳我歌当筵。一歌使公惧，再歌使公悟，我歌无罪公无怒！汉朝西海如郡县，蒲萄天马年年见。匈奴左臂乌孙王，七译来同藁街宴。武昭以还国威壮，狗监膺媒尽边将。出门攘臂攫牛羊，三载践更翻沮丧。三十六城一城反，都护上言请勤远；期门或怒或阴喜，喜者何心怒则愤。关西籍甚良家子，卅年久绾军符矣；不结椎埋儿，不长鸣珂里；声名自震大荒西，饮马昆仑荡海水。不共郅支生，愿逐楼兰死。上书初到公卿惊，共言将军宜典兵。麟生凤降岂有种？况乃一家中国犹弟兄。旌旗五道从天落，小印如斗大如斛。尽隶将军一臂呼，万人侧目千人诺。山西少年感生泣，羽林群儿各努力。共知汉主拔孤根，坐见孤根壮刘室。不知何姓小侯瞋，不知何客綦将军？将军内顾忽疑惧，功成定被他人分。不如亲自自求附，飞书请隶嫖姚部。上言乞禁兵，下言避贤路。笑比高皇十八侯，自居虫达曾无羞。此身愿爵关内老，黄金百斤聊可保。呜呼！汉家旧事无人知，南军北军颇有私。北军似姑南似嫂，嫂疏姑戚群僮窥。可怜旧事无人信，门户千秋几时定？门户原非主上心，诀荡吾知汉皇圣。是时书到甘泉夜，答诏徘徊未轻下。密问三公是与非，沮者不坚语中罢。庚词本冀公卿谅，未议微闻道涂骂。拙哉某将军，非火胡自焚？非蚕胡自缚？非虿胡自螫？有舌胡自拆？有臂胡自掣？军至矣，刺史迎，肥牛之腱万镬烹。军过矣，掠童女，马踏燕支贱如土。嬴家长城如一环，汉家长城衣带间。嬴家正为汉家用，坐见

101

入关仍出关。入关马行疾，出关马无力。丞华厩里芝草稀，水衡金贱苦乏绝。卜式羊蹄尚无用，相如黄金定何益？珠匪可弃例弃之，夜过茂陵闻太息！汉家庙食果何人？未必卫霍无侪伦。酎金失侯亦有命，人生那用多苦辛？噫嘻！人生那用长苦辛！勿向人间老，老阅风霜亦枯槁。千尺寒潭白日沈，将军之心如此深！后世读书者，毋向兰台寻。兰台能书汉朝事，不能尽书汉朝千百心。儒林文人识此吟。

漫　　感

绝域从军计惘然，东南幽恨满词笺。一箫一剑平生意，负尽狂名十五年。

咏　　史

金粉东南十五州，万重恩怨属名流。牢盆狎客操全算，团扇才人踞上游。避席畏闻文字狱，著书都为稻粱谋。田横五百人安在，难道归来尽列侯？

自春徂秋偶有所触拉杂书之漫不诠次得十五首 录六

道力战万籁，微芒课其功。不能胜寸心，安能胜苍穹？相彼鸾与凤，不栖枯枝松。天神倘下来，清明可与通。返听如有声，消息鞭愈聋。死我信道笃，生我行神空。障海使西流，挥日还于东。

黔首本骨肉，天地本比邻。一发不可牵，牵之动全身。圣者胞与言，夫岂夸大陈？四海变秋气，一室难为春。宗周若蠢蠢，嫠纬烧为尘。所以慷慨士，不得不悲辛。看花忆黄河，对月思西秦。贵官勿三思，以我为杞人。

名理孕异梦，秀句镌春心。庄骚两灵鬼，盘踞肝肠深。古来不可兼，方寸我何任？所以志为道，淡宕生微吟。一箫与一笛，化作太古琴。

朝从屠沽游，夕拉驵卒饮。此意不可道，有若茹大鲠。传闻智勇人，伤心自鞭影。蹉跎复蹉跎，黄金满虚牝。匣中龙剑光，一鸣四壁静。夜夜辄一鸣，负汝汝难忍。出门何茫茫，天心牗其迳，既窥豫让桥，复瞰轵深井。长跪奠一卮，风云扑人冷。

危哉昔几败，万仞堕无垠。不知有忧患，文字樊其身。岂但恋文字，嗜好杂甘辛。出入仙侠间，奇悍无等伦。渐渐疑百家，中无要道津。纵使精气留，碌碌为星辰。闻道幸不迟，多难乃缘因。空王开觉路，网尽伤心民。

戒诗昔有诗，庚辰诗语繁。第一欲言者，古来难明言。姑将谲言之，未言声又吞。不求鬼神谅，矧向生人道。东云露一鳞，西云露一爪，与其见鳞爪，何如鳞爪无。况凡所云云，又鳞爪之余。忏悔首文字，潜心战空虚。今年真戒诗，才尽何伤乎！

龚自珍

103

歌筵有乞书扇者

天教伪体领风花，一代人材有岁差。我论文章恕中晚，略工感慨是名家。

梦 中 作

不是斯文掷笔骄，牵连姓氏本寥寥。夕阳忽下中原去，笑咏风花殿六朝。

伪 鼎 行

皇帝七载，青龙丽于丁，招摇西指，爰有伪鼎爆裂而砰訇。孺子啜泣相告，隶妾骇惊，龚子走视，碎如琉璃一何脆且轻。佹离疥癞百丑千怪如野干形，厥怒虎虎不鸣如有声。然而无有头目，卓午不受日，当夜不受月与星；徒取云雷傅，汝败漆朽壤，将以盗膻腥。内有饕餮之馋腹，外假浑沌自晦逃天刑。四凶居其二，帝世何称？主人之仁不汝埋榛荆，俾登华堂函牛羊，垂四十载，左揖琴钟右与鬶镂并。主人不厌斁汝，汝宜自憎！福极而碎，碎如琉璃脆且轻。东家有饮器，昨堕地碎声嘤嘤；西家有屠狗盉，今日亦堕地不可以盛。千年决无土花蚀，万年吊古之泪无由生。吁！宝鼎而碎则可惜，斯鼎而碎兮于何取荣名？请诹龚子伪鼎行。

常州高材篇送丁若士 履恒

丁君行矣龚子忽有感，听我掷笔歌常州。天下名士有部落，东南无与常匹俦。我生乾隆五十七，晚矣不及瞻前修。外公门下宾客盛，始见臧顾来哀哀。奇才我识恽伯子，绝学我识孙季逑。最后乃识掌故赵，献以十诗赵毕酬。三君折节遇我厚，我益喜逐常人游。乾嘉辈行能悉数，数其派别征其尤：易家人人本虞氏，毖纬户户知何休。声音文字各奥突，大抵钟鼎工冥搜。学徒不屑谈贾孔，文体不甚宗韩欧。人人妙擅小乐府，尔雅哀怨声能遒。近今算学乃大盛，泰西客到攻如仇。常人倘欲问常故，异时就我来咨诹。勿数耆耋数平辈，蔓及洪管庄张周。其余鼎鼎八九子，奇人一董先即丘。所恨不识李夫子，南望夜夜穿双眸。曾因陆子屡通讯，神交何异双绸缪。识丁君乃二十载，下上角逐忘春秋。丁君行矣龚子忽有感，一官投老谁能留？珠联璧合有时有，一散人海如凫鸥。噫！才人学人一散人海如凫鸥，明日独访城中刘。

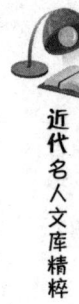

猛　忆

　　狂胪文献耗中年，亦是今后后起缘。猛忆儿时心力异，一灯红接混茫前。

梦中作四截句

　　黄金华发两飘萧，六九童心尚未消。叱起海红帘底月，四厢花影怒于潮。

书魏槃仲扇

　　女儿公子各风华，想见皇都选婿家。三代以来春数点，二南卷里有桃花。

龚自珍

己亥杂诗

浩荡离愁白日斜，吟鞭东指即天涯。落红不是无情物，化作春泥更护花。

霜毫掷罢倚天寒，任作淋漓淡墨看。何敢自矜医国手，药方只贩古时丹。

文侯端冕听高歌，少作精严故不磨。诗渐凡庸人可想，侧身天地我蹉跎。

不能古雅不幽灵，气体难跻作者庭。悔杀流传遗下女，自障纨扇过旗亭。

文章合有老波澜，莫作鄱阳夹漈看。五十年中言定验，苍茫六合此微官。

只筹一缆十夫多，细算千艘渡此河。我亦曾縻太仓粟，夜闻邪许泪滂沱。

津梁条约遍南东，谁遣藏春深坞逢？不枉人呼莲幕客，碧纱幮护阿芙蓉。

鬼灯队队散秋萤，落魄参军泪眼荧。何不专城花县去，春眠寒食未曾醒。

故人横海拜将军，侧立南天未蒇勋。我有阴符三百字，蜡丸难寄惜雄文。

少年击剑更吹箫，剑气箫心一例消。谁分苍凉归棹后，万千哀乐集今朝。

河汾房杜有人疑，名位千秋处士卑。一事平生无齮龁，但开风气不为师。

诗人瓶水与谟觞，郁怒清深两擅场。如此高才胜高第，头衔追赠薄三唐。

不论盐铁不筹河,独倚东南涕泪多。国赋三升民一斗,屠牛那不胜栽禾?

九州生气恃风雷,万马齐喑究可哀。我劝天公重抖擞,不拘一格降人才。

陶潜诗喜说荆轲,想见停云发浩歌。吟到恩仇心事涌,江湖侠骨恐无多。

陶潜酷似卧龙豪,万古浔阳松菊高。莫信诗人竟平淡,二分梁甫一分骚。

陶潜磊落性情温,冥报因他一饭恩。颇觉少陵诗吻薄,但言朝叩富儿门。

小别湖山劫外天,生还如证第三禅。台宗悟后无来去,人道苍茫十四年。

浙东虽秀太清孱,北地雄奇或犷顽。踏遍中华窥两戒,无双毕竟是家山。

少年哀乐过于人,歌泣无端字字真。既壮周旋杂痴黠,童心来复梦中身。

空山徙倚倦游身,梦见城西阆苑春。一骑传笺朱邸晚,临风递与缟衣人。

万绿无人嘒一蝉,三层阁子俯秋烟。安排写集三千卷,料理看山五十年。

少年尊隐有高文,猿鹤真堪张一军。难向史家搜比例,商量出处到红裙。

风云才略已消磨,甘隶妆台伺眼波。为恐刘郎英气尽,卷帘梳洗望黄河。

凤泊鸾飘别有愁,三生花草梦苏州。儿家门巷斜阳改,输与船娘住虎丘。

明知此浦定重过,其奈尊前百感何。亦是今生未曾有,满襟清泪渡黄河。

吟罢江山气不灵,万千种话一灯青。忽然阁笔无言说,重礼天台七卷经。

书信

致大学士

　　中书龚自珍言：自珍少读历代史书，及国朝掌故。自古及今，法无不改，势无不积，事例无不变迁，风气无不移易。所恃者，人材必不绝于世而已。夫有人必有胸肝，有胸肝则必有耳目，有耳目则必有上下百年之见闻，有见闻则必有改订同异之事。有改订同异之事，则或胸以为是，胸以为非。有是非则必有感慨激奋。感慨激奋而居上位，有其力，则所是者依，所非者去。感慨激奋而居下位，无其力，则探吾之是非，而昌昌大言之。如此，法改胡所弊，势积胡所重，风气移易胡所惩，事例变迁胡所惧。中书仕内阁，糜七品之俸，于今五年，所见所闻，胸弗谓是，同列八九十辈安之。而中书一人，胸弗谓是。大廷广众，苟且安之。梦觉独居，胸弗谓是。入东华门，坐直房，昏然安之；步出东华门，神明湛然，胸弗谓是。同列八九十辈，疑中书有痼疾，弗辨也。然胸弗谓是，如衔鱼乙以为茹，如借蝟栗以为坐，细者五十余条，大者六事。兹条上六事，顾中堂淬厉聪明，焕发神采，赐华观览。（下节略）

致人笺

　　今有家于此，邻人谇其东，市人噪其西，或决水以灌其墙，或放火以

烧其篱，举家惶骇，似束手无策矣。入其门，奴仆鹄立；登其庭，子姓秩然。奴仆无不畏其家长者，子姓无不畏其父兄者。然而外来者举无足虑，而其家必不遽亡。又有家于此，宾客望门而致敬，四方财货麇至，门庭丹艧，奕奕华好。入其门，则奴仆箕踞而嬉，家长过之，无起立者。登其堂，有孙攘臂，欲棰笞其祖父，祖父欲愬于宾客，面发赪而不得语，此家宁可支长久耶！开辟以来，民之骄悍，不畏君上，未有甚于今日中国者也。今之中国，以九重天子之尊，三令五申，公卿以下，舌敝唇焦，于今数年。欲使民不吸鸦片烟，而民弗许，此奴仆踞家长，子孙棰祖父之世宙也。即使英吉利不侵不叛，望风纳款，中国尚且可耻而可忧，愿执事且无图英吉利。

道光庚子冬，十有一月初九日　自珍顿首

作者简介

严复（1854—1921） 初名体乾，改名宗光，字又陵，入仕后又改名复，字几道，福建侯官（今福州）人。近代思想家、文学家、翻译家。光绪二十三年（1897）同夏曾佑创办《国闻报》《国闻汇编》，并合撰发表《本馆附印说部缘起》，被认为是近代肯定小说社会作用的第一篇论文。他在译文上态度严谨，选文典型，创立了"信、达、雅"原则。译述了西方哲学、政治、经济、名学著作，如《天演论》《原富》等。诗歌倾向唯美主义，认为诗歌是"至无用之物"。曾有感时抒愤的诗作，沉郁顿挫，语言朴实。政论文章，揭露现实及科举制弊害，比较中、西学，提倡民主和科学。写法上骈散杂糅，常用对比手法，风格独特，风靡一时。有《严侯官全集》传世。

散文

严复

论世变之亟

呜呼！观今日之世变，盖自秦以来，未有若斯之亟也。夫世之变也，莫知其所由，然强而名之曰运会。运会既成，虽圣人无所为力。盖圣人亦运会中之一物，既为其中之一物，谓能取运会而转移之，无是理也。彼圣人者，特知运会之所由趋，而逆睹其流极。唯知其所由趋，故后天而奉天时；唯逆睹其流极，故先天而天不违。于是裁成辅相，而置天下于至安。后之人从而观其成功，遂若圣人真能转移运会也者，而不知圣人之初无有事也。即如今日中、倭之构难，究所由来，夫岂一朝一夕之故也哉！

尝谓中西事理，其最不同，而断乎不可合者，莫大于中之人好古而忽今，西之人力今以胜古；中之人以一治一乱、一盛一衰为天行人事之自然，西之人以日进无疆，既盛不可复衰，既治不可复乱，为学术政化之极则。盖我中国圣人之意，以为吾非不知宇宙之无尽藏，而人心之灵苟日开瀹焉，其机巧智能可以驯致于不测也。而吾独置之而不以为务者，盖生民之道期于相安相养而已。夫天地之物产有限，而生民之嗜欲无穷，孳乳寖多，镌镵日广，此终不足之势也。物不足则必争，而争者人道之大患也。故宁以止足为教，使各安于朴鄙颛蒙，耕凿焉以事其长上。是故春秋大一统，一统者，平争之大局也。秦之销兵焚书，其作用盖亦犹是。降而至于宋以来之制科，其防争尤为深且远。取人人尊信之书，使其反覆沉潜，而其道常在若远若近，有用无用之际。悬格为招矣，而上智有不必得之忧，下愚有或可得之庆。于是举天下之圣智豪杰，至凡有思虑之伦，吾顿八纮之网以收之，即或漏吞舟之鱼，而已暴鳃断鳍，颓然老矣，尚何能为推波助澜之事也哉？嗟乎！此真圣人牢笼天下，平争泯乱之至术，而民智因之以日窳，民力因之以日衰。其究也，至不能与外国争一旦之命，则圣人计

113

虑之所不及者也。虽然，使至于今，吾为吾治，而跨海之汽舟不来，缩地之飞车不至，则神州之众老死不与异族相往来，富者常享其富，贫者常安其贫。明天泽之义，则冠履之分严，崇柔让之教，则嚣凌之氛泯。偏灾虽繁，有补苴之术；蟊苻虽夥，有剿绝之方。此纵难言郅治乎，亦用相安而已。而孰意患常出于所虑之外，乃有何物泰西其人者，盖自高颡深目之伦，杂处此结衽编发之中，则我四千年文物声明，已涣然有不终日之虑。逮今日而始知其危，何异齐桓公以见痛之日，为受病之始也哉！

夫与华人言西治，常苦于难言其真。存彼我之见者，弗察事实，辄言中国为礼义之区，而东西朔南，凡吾王灵所弗届者，举为犬羊夷狄，此一蔽也。明识之士，欲一国晓然于彼此之情实，其议论自不得不存是非善否之公；而浅人怙私，常訾其誉仇而背本，此又一蔽也。而不知徒塞一己之聪明，以自欺而常受他族之侵侮，而莫与谁何。忠爱之道固如是乎？周、孔之教又如是乎？公等念之。今之夷狄，非犹古之夷狄也。今之称西人者，曰彼善会计而已，又曰彼擅机巧而已。不知吾今兹之所见所闻，如汽机兵械之伦，皆其形下之粗迹。即所谓天算格致之最精，亦其能事之见端，而非命脉之所在。其命脉云何？苟扼要而谈，不外于学术则黜伪而崇真，于刑政则屈私以为公而已。斯二者与中国理道，初无异也。顾彼行之而常通，吾行之而常病者，则自由、不自由异耳。

夫自由一言，真中国历古圣贤之所深畏，而从未尝立以为教者也。彼西人之言曰："唯天生民，各具赋畀，得自由者乃为全受。"故人人各得自由，国国各得自由，第务令毋相侵损而已。侵人自由者，斯为逆天理、贼人道。其杀人伤人及盗蚀人财物，皆侵人自由之极致也。故侵人自由，虽国君不能，而其刑禁章条要皆为此设耳。中国理道与西法自由最相似者，曰恕，曰絜矩。然谓之相似则可，谓之真同则大不可也。何则？中国恕与絜矩，专以待人及物而言，而西人自由则于及物之中，而实寓所以存我者也。自由既异，于是群异丛然以生。粗举一二言之，则如中国最重三纲，而西人首明平等；中国亲亲，而西人尚贤；中国以孝治天下，而西人以公治天下；中国尊主，而西人隆民；中国贵一道而同风，而西人喜党居而州处；中国多忌讳，而西人众讥评。其于财用也，中国重节流，而西人重开源；中国追淳朴，而西人求欢虞。其接物也，中国美谦屈，而西人务发舒；中国尚节文，而西人乐简易。其于为学也，中国夸多识，而西人尊新知。其余祸灾也，中国委天数，而西人恃人力。若斯之伦，举有与中国之理相抗，以并存于两间，而吾实未敢遽分其优绌也。

　　自胜代末造，西旅已通，迨及国朝，梯航日广，马嘉尼之请不行，东印度之师继至。道、咸以降，持驱夷之论者，亦自知其必不可行，群喙稍息，于是不得已而连有廿三口之开。此郭侍郎《罪言》所谓："天地气机，一发不可复遏。士大夫自怙其私，求抑遏天地已发之机，未有能胜者也。"自蒙观之，夫岂独不能胜之而已，盖未有不反其祸者也，唯其遏之愈深，故其祸之发也愈烈。不见夫激水乎？其抑之不下，则其激也不高。不见夫火药乎？其塞之也不严，则其震也不迅。三十年来，祸患频仍，何莫非此欲遏其机者阶之厉乎？且其祸不止此。究吾党之所为，盖不至于灭四千年之文物，而驯致于瓦解土崩，一涣而不可复收不止也。此真泯泯者，智虑所万不及知，而闻斯之言，未有不指为奸人之言，助夷狄恫喝而扇其焰者也。

　　夫为中国之人民，谓其有自灭同种之为，所论毋乃太过？虽然，待吾言之，方西人之初来也，持不义害人之物而与我构难，此不独有识所同疾，即彼都人士亦至今引为大诟者也。且中国蒙累朝列圣之庥，幅员之广远，文治之休明，度越前古。游其宇者，自以谓横目冒虱之伦，莫我贵也。乃一旦有数万里外之荒服岛夷，鸟言虋面，飘然戾止，叩关求通，所请不得，遂尔突我海疆，虏我官宰，甚而至焚毁宫阙，震惊乘舆。当是之时，所不食其肉而寝其皮者，力不足耳。谓有人焉，伈伈俔俔，低首下心，讲其事而咨其术，此非病狂无耻之民不为是也。是故道、咸之间，斥洋务之污，求驱夷之策者，智虽囿于不知，术或操其已促，然其人谓非忠孝节义者徒，殆不可也。然至于今之时，则大异矣。何以言之？盖谋国之方，莫善于转祸而为福；而人臣之罪，莫大于苟利而自私。夫士生今日，不睹西洋富强之效者，无目者也。谓不讲富强，而中国自可以安；谓不用西洋之术，而富强自可致；谓用西洋之术，无俟于通达时务之真人才，皆非狂易丧心之人不为此。然则印累绶若之徒，其必矫尾厉角，而与天地之机为难者，其用心盖可见矣。善夫！姚郎中之言曰："世固有宁视其国之危亡，不以易其一身一瞬之富贵。"故推鄙夫之心，固若曰："危亡危亡，尚不可知。即或危亡，天下共之。吾奈何令若辈志得，而自退处无权势之地乎？"孔子曰："苟患失之，无所不至。"故其端起于大夫士之怙私，而其祸可至于亡国灭种，四分五裂，而不可收拾。由是观之，仆之前言过乎否耶？噫！今日倭祸特肇端耳，俄、法、英、德旁午调集，此何为者？此

其事尚待深言也哉！尚忍深言也哉！《诗》曰："其何能淑，载胥及溺。"又曰："瞻乌靡止"。心摇意郁，聊复云云，知我罪我，听之诸公。

原　　强

　　今之扼腕奋衿，讲西学、谈洋务者，亦知近五十年来，西人所孜孜勤求，近之可以保身治生，远之可以经国利民之一大事乎？达尔文者，英之讲动植之学者也。承其家学，少之时周历寰瀛，凡殊品诡质之草木禽鱼，裒集甚富。穷精眇虑，垂数十年而著一书，曰《物种探原》。自其书出，欧、美二洲几于家有其书，而泰西之学术政教一时斐变。论者谓达氏之学，其一新耳目，更革心思，甚于奈端氏之格致天算，殆非虚言。其书谓："物类繁殊，始惟一本。其降而日异者，大抵以牵天系地之不同，与夫生理之常趋于微异。洎源远流分，遂阔绝相悬，不可复一。然而此皆后天之事，因夫自然驯致如是，而非太始生理之本然也。"其书之二篇为尤著，西洋缀闻之士皆能言之，谈理之家摭为口实。其一篇曰《物竞》，又其一曰《天择》。物竞者，物争自存也；天择者，存其宜种也。意谓民物于世，樊然并生，同食天地自然之利矣。然与接为构，民民物物，各争有以自存。其始也，种也种争，及其稍进，则群与群争，弱者常为强肉，愚者常为智役。及其有以自存而遗种也，则必强忍魁桀，趫捷巧慧，而与其一时之天时、地利、人事最其相宜者也。此其为争也，不必爪牙用而杀伐行也。习于安者，使之为劳；狃于山者，使之居泽。以是以与其习于劳、狃于泽者争，将不数传而其种尽矣。物竞之事，如是而已。是故每有太古最繁之种，风气渐革，越数百年、数千年，消磨歇绝，至于靡有孑遗，如矿学家所见之古兽古禽是已。动植如此，民人亦然。民人者，固动物之类也。达氏总有生之物，标其宗旨，论其大凡如此。至其证阐明确，犁然有当于人心，则非亲见其书者莫能信也。此所谓以天演之学言生物之道者也。

116

斯宾塞尔者，亦英产也，与达氏同时。其书于达氏之《物种探源》为早出，则宗天演之术，以大阐人伦治化之事。号其学曰《群学》，犹荀卿言人之贵于禽兽者，以其能群也，故曰《群学》。凡民相生相养，易事通功，推以至于刑政礼乐之大，皆自能群之性以生。又用近今格致之理术，以发挥修齐治平之事，精深微眇，繁富奥殚。其论一事，持一说，必根据理极，引其端于至真之原，究其极于不遁之效。于五洲殊种，由拯榛蛮夷以至著号开明之国，挥斥旁推，什九罄尽。而于一国盛衰强弱之故，民德醇漓合散之由，则尤三致意焉。殚毕生之精力五十年，而著述之事始蒇。其宗旨尽于第一书，名曰《第一义谛》。通天地、人、禽兽、昆虫、草木以为言，以求其会通之理。始于一气，演成万物。继乃论生学、心学之理，而要其归于群学焉。夫亦可谓美备也已。

斯宾塞尔全书而外，杂著无虑数十篇，而《明民论》《劝学篇》二者为最著。《明民论》者，言教人之术也。《劝学篇》者，勉人治群学之书也。其教人也，以浚智慧、练体力、厉德行三者为之纲。其勉人治群学者，意则谓天下沿流讨源，执因责果之事，惟群事为最难，非不素讲者之所得与。故有国家者，其施一政，著一令，本以救弊坊民也，而其究也，所期者每或不成，而所不期者常以忽至。至夫历时久而转相因，其利害迁流，则有不可究诘者。格致之事不先，偏颇之私未尽，生心害政，未有不贻误家国者也。是故欲为群学，必先有事于诸学焉。不为数学、名学，则吾心不足以察不遁之理，必然之数也；不为力学、质学，则不足以审因果之相生、功效之互待也。名、数、力、质四者之学已治矣，然吾心之用犹仅察于寡，而或荧于纷，仅察于近，而或迷于远也，故必广之以天地二学焉。盖于名、数知万物之成法，于力、质得化机之殊能，尤必藉天地二学，各合而观之，而后有以见物化之成迹。名、数虚，于天地征其实；力、质分，于天地会其全。夫而后有以知成物之悠久，杂物之博大，与夫化物之蕃变也。虽然，于群学犹未也。盖群者人之积也，而人者官品之魁也。欲明生生之机，则必治生学；欲知感应之妙，则必治心学。夫而后乃可以及群学也。且一群之成，其体用功能无异生物之一体，大小虽异，官治相准。知吾身之所生，则知群之所以立矣；知寿命之所以弥永，则知国脉之所以灵长矣。一身之内，形神相资；一群之中，力德相备。身贵自由，国贵自主。生之与群，相似如此。此其故无他，二者皆有官之品而已矣。故学问之事，以群学为要归。唯群学明而后知治乱盛衰之故，而能有

严复

修齐治平之功。呜呼！此真大人之学矣！

不观于圬者之为墙乎？与之一成之砖，坚而廉，平而正，火候得而大小若一，则无待泥水灰粘之用，不旋踵而数仞之墙成矣。由是以捍风雨卫室家，虽资之数百年可也。使其为砖也，欹斜歪缺，小大不均，则虽遇至巧之工，亦仅能版以筑之，成一粪土之墙而已矣。廉隅坚洁，持久不败，必不能也。此凡积垛之事，莫不如此。唯其单也为有法之形，则其总也成有制之聚。然此犹人之所为也。惟天生物，亦莫不然。化学原质，自然结晶，其形制之穷巧极工，殆难思议，其形虽大小不同，而其为一晶之所积而成形，则虽析之至微，至于莫破，其晶之积面隅幂，无不似也。然此犹是金石之类而已。至如动植之伦，近代学者皆知太初质房为生之始，其含生蕃变之能，皆于此而已具。但其事甚赜，难与未尝学者谈。而其本单之形法性情，以为其总之形法性情，欲论其合，先考其分，则昭昭若揭日月而行，亘天壤不刊之大例也。夫如是，则一种之所以强，一群之所以立，本斯而谈，断可识矣。盖生民之大要三，而强弱存亡莫不视此：一曰血气体力之强，二曰聪明智虑之强，三曰德行仁义之强。是以西洋观化言治之家，莫不以民力、民智、民德三者断民种之高下。未有三者备，而民生不优；亦未有三者备，而国威不奋者也。反是而观，夫苟其民恝需恂愁，各奋其私，则其群将涣。以将涣之群，而与鸷悍多智、爱国保种之民遇，小则虏辱，大则灭亡，此不必干戈用而杀伐行也。磨灭溃败，出于自然，载籍所传，已不知凡几，而未有文字之先，则更不知凡几者也。是故西人之言教化政法也，以有生之物各保其生为第一大法，保种次之。而至生与种较，则又当舍生以存种。践是道者，谓之义士，谓之大人。至于发政施令之间，要其所归，皆以其民之力、智、德三者为准的。凡可以进是三者，皆所力行；凡可以退是三者，皆所宜废。而又盈虚酌剂，使三者毋或致偏焉。西洋政教若自其大者观之，不过如是而已。

由是而观吾中国今日之民，其力、智、德三者固何如乎？往者日本以寥寥数舰之舟师，区区数万人之众，一战而翦我最亲之藩属，再战而陪都动摇，三战而夺我最坚之海口，四战而威海之海军燼矣。使曩者款议不成，则畿辅戒严，亦意中事耳。当此之时，天子非不赫然震怒也，思改弦而更张之。乃内之则殿阁枢府以至六部九卿，外之则洎廿四行省之疆吏，旁皇咨求，卒无一人焉，足以胜御侮折冲之任者。"猛虎深山"，徒虚论耳。兵连不及周年，公私扫地赤立，洋债而外，尚不能无扰闾阎，其财之匮也又如此。夫一国犹之一身也，脉络贯通，官体相救，故击其头则四肢皆应，刺其腹则举体知亡。而南北虽属一君，彼是居然两戒。首善震矣，四海晏然，视邦国之颠危，犹秦越之肥瘠。合肥谓："以北洋一隅之力，御倭人全国之师"，非过语也。此君臣势散，而相爱相保之情薄也。将不素学，士不素练，器不素储，一旦有急，则蚁附蜂屯，授之以扞格不操之利器，曳兵而走，转以奉敌。其一时告奋将弁，半皆无赖小人，觊觎所支饷项而已。至于临事，且不知有哨探之用，遮草之方。甚且不识方员古陈大不宜于今日之火器，更无论部勒之精详与夫开阖之要眇者矣。即当日之怪谬，苟纪载其事而传之，将皆为千载笑端，而吾民腆然，固未尝以之为愧也。夫阃外之事既如此矣，而阃内之事，则又何如？法弊之极，人各顾私，是以谋谟庙堂，佐上出令者，往往翘巧伪污浊之行，以为四方则效。其间稍有意者，亦不过如息夫躬所云"以狗马齿保目所见"，而孰谓是区区者之终不吾畀也！至于顾问献替之臣，则不独于时事大势瞀未有知，乃至本国本朝之事，其职分所应知者，亦未尝少纡其神虑。是故有时发愤论列，率皆唵嘿童骏，徒招侮虐，功罪得失，毁誉混淆。其有趋时者流，自许豪杰，则徒剽窃外洋之疑似，以荧惑主上之聪明。其尤不肖者，且窃幸事之纠纷，得以因缘为利。求才亟，则可侥幸而骤迁；兴作多，则可居间而自润。嗟乎！此真天下士大夫之所亲见。仆之为论，岂不然哉？夫人才者，民力、民智、民德三者之征验也，求之有位之中，既如此矣。意或者沉伏摧废，高举远行，而不可接欤？乃吾转而求之草野间巷之间，则又消乏雕亡，存一二于千万之中，竟谓同无，何莫不可？然则神州九万里地，四十京之民，此廓廓者徒士荒耳，是蚩蚩者徒人满耳，尚自诩冠带之民、灵秀之种，周、孔所教，礼义所治，诸君聊用自娱则可耳，何关人事也耶？且事之可忧可畏者，存乎其真，而一战之胜败不足计也。使中国而为如是之中国，则当日中东之事，微论败也，就令边衅不开，开而幸胜，然而自有识之士观也，其为忧乃愈剧。何则？民力已荼民智已卑，民德已薄故也。一战之败，何足云乎？今虽有圣神用事，非数十百年薄海知亡，君臣同德，痛锄治而鼓舞之，将不足以自立。而岁月悠悠，四邻眈眈，恐未及有为，已先作印度、波兰之续，将斯宾塞之术未施，而达尔文之理先信。矧自甲午迄今者几何时，天下所振兴者几何事，固诸君所共闻共见者耶。呜呼！吾辈一身无足惜，如吾子孙与四百兆之人种何？天地父母，山川神灵，尚无相兹下士民，以克诱其衷，咸俾知奋！

严复

近代名人文库精粹

闻前言者，造而问余曰：甚矣先生之言，无异杞人之忧天坠也。今夫异族之为中国患，不自今日始也。自三代以迄汉朝，南北狺狺，互有利钝，虽时见侵，无损大较，固无论已。魏、晋不纲，有五胡之乱华，大河以北沦于旃裘膻酪者盖数百年。当是之时，哀哀黔首，衽革枕戈，不得喙息，盖几靡有孑遗，耗矣。息肩于唐，载庶载富。而李氏未造，赵宋始终，其被祸乃尤烈。金源女真，更盛迭帝。青吉斯汗，崛起鄂诺，威憺欧洲。忽必列汗荐食小朝，混一华夏，南奄身毒，北暨俄罗，幅员之大，古未有也。然而块肉沦丧，不及百年，长城以南，复归汉种。至国朝龙兴辽沈，圣哲笃生，毋我群黎，革明敝政，湛恩汪涉，盖三百祀于兹矣。此皆著自古昔者也。其间递嬗，要不过一姓之废兴，而人民则犹此人民，声教则犹古声教，是则即今无讳，损益可知。林林之众，讵无噍类？而吾子耸于达尔文氏之邪说。一则谓其无以自存，再则忧其无以遗种，此何异众人熙熙，方登春台，而吾子被发狂叫，白昼见魅也哉？不然，何所论之怪诞不经，独不虑旁观者之闵笑也？况夫昭代厚泽深仁，隆基方永，景命未改，讴歌所归，事又万万不至此。殷忧正所以启圣明耳，何直为此叫叫也？且而不见回部之土耳其乎？介乎俄与英之间，壤地日蹙，其偪也可谓至矣，然不闻其遂至于亡国灭种、四分五裂也，则又何居？吾子念之，物强者死之徒，事穷者势必反，天道剥复之事，如反覆手耳，安知今之所谓强邻者，不先笑后号咷。而吾子漆叹嫠忧，所咢君自损者，不俯吊而仰贺乎？

应之曰：唯唯，客所以祛吾惑者，不亦至乎！虽然，愿请间，得为客深明之。若客者，信所谓明于古而暗于今，得其一而失其二者也。姑微论客之所指为异族之非异族也。盖天下之大种四：黄、白、赭、黑是已。北并乎西伯利亚，南襟乎中国海，东距之太平洋，西苞乎昆仑墟，黄种之所居也。其为人也高颧而浅鼻，长目而强发。乌拉盐泽以西，大秦旧壤，白种之所聚也。其为人也，碧眼而鬈发，隆额而深眶。越裳、交趾以南，东萦吕宋，西拂痕都，其间多岛国焉，则赭种之民也。而黑种最下，亚非利加及绕赤道诸部，所谓黑奴是已。今之满、蒙、汉人皆黄种也。檀君旧国，箕子所封，冒顿之先，降由夏后，客何疑乎？故中国邃古以还，乃一种之所君，实未尝或沦于非类。第就令如客所谈，客尚不知种之相为强弱，其故有二：有鸷悍长大之强，有德慧术智之强；有以质胜者，有以文胜者。以质胜者，游牧射猎之民是已。其国之君民，上下截然如一家之

严复

人，忧则相恤，难则相赴，生聚教训之事简而不繁，骑射驰骋，云屯飚散，旃毳肉酪，养生之具益力而能寒，故其民乐战轻死。有魁杰者为之要约而驱使之，其势可以强天下。虽然，强矣，而未进夫化也。若夫中国之民，则进夫化矣，而文胜之国也。耕凿蚕织，城郭邑居，于是有礼乐刑政之治，有庠序学校之教。通功易事，四民肇分。其法令文章之事，历变而愈繁，积久而益富。养生送死之资，无不具也；君臣上下之分，无不明也；冠昏丧祭之礼，无不举也。故其民偷生而畏法，治之得其道，则易以相安；治之失其道，亦易以日窳。是以及其末流，每转为质胜者之所制。然而此中之安富尊荣，声明文物，固游牧射猎者所深慕，而远不逮者也。故其既入中国也，虽名为之君，然数传以后，其子若孙虽有祖宗之遗令切诫，往往不能不厌劳苦而事逸乐，弃惇德而染浇风，遁天倍情，忘其所受，其不渐摩而与汉物化者寡矣。苏子瞻曰："中国以法胜，而匈奴以无法胜。"然而其无法也，始以自治则有余，迨既入中国而为之君矣，必不能弃中国之法，而以无法之治治之也，遂亦入于法而同受其敝焉。此中国所以经累胜而常自若，其化转以日广，其种转以日滋。何则？物固有无形之相胜，而亲为所胜者，虽身历其境而尚未之或知也。然则取客之言而深论文，则谓异族常受制于中国也可，不得谓异族制中国也。

至于今之西洋，则与是不可同日而语矣。何则？彼西洋者无法与法并用，而皆有以胜我者也。自其自由平等以观之，则捐忌讳，去烦苛，决壅蔽，人人得其意，申其言，上下之势不相悬隔，君不甚尊，民不甚贱，而联若一体者，是无法之胜也。自其官工兵商法制之明备而观之，则人知其职，不督而办，事至纤悉，莫不备举，进退作息，皆有常节，无间远迩，朝令夕改，而人不以为烦，则是以有法胜也。其鸷悍长大既胜我矣，而德慧术知又为吾民所远不及，故凡其耕凿陶冶，织纴牧畜，上而至于官府刑政，战守转输，邮置交通之事，与凡所以和众保民者，精密广大，较吾中国之所有倍蓰有加焉。其为事也，一一皆本诸学术，其为学术也，一一皆本于即物实测，层累阶段，以造于至精至大之途，故蔑一事焉，可坐论而不足起行者也。苟求其故，则彼以自由为体，以民主为用。一洲之民，散为七八，争驰并进，以相磨砻，始于相忌，终于相成，各殚智虑，此既日异，彼亦月新，故能用法而不至受法之敝，此其所以为可畏也。往者中国之法与无法遇，故虽经累胜而常自存；今也彼亦以其法以与吾法遌，而吾法乃颓隳朽蠹如此其敝也，则彼法日胜而吾法日消矣。何则？法犹器也，

犹道途也，经时久而无修治精进之功，则扞格芜梗者，势也。以扞格芜梗而与修治精进者并行，则民固将弃此而取彼者，亦势也。此天演家言所谓物竞天择之道，固如是也。此吾前者所以言四千年文物俛然有不终日之势者，固以此也。嗟乎！此岂徒客之甚恨哉？然而事既如此矣，则吾岂能塞耳涂目，而不为吾同胞者垂涕泣而一指其实也哉！

且吾所谓无以自存，无以遗种者，岂必"死者以国量乎泽若蕉"，而后为尔耶？第使彼常为君，而我常为臣，彼常为雄，而我常为雌；我耕而彼食其实，我劳而彼享其休；以战则我常居先，出令则我常居后；彼且以我为天之僇民，谓是种也固不足以自由而自治也。于是加束缚驰骤，奴使而房用之，俾吾之民智无由以增，民力无由以奋，是蚩蚩者亦长此困苦无聊之众而已矣。夫如是，则去不自存而无遗种也，其间几何？不然，夫岂不知其不至无噍类也，彼黑与赭且常存于两间矣，矧兹四百兆之黄也哉！民固有其生也不如死，其存也不如亡，亦荣辱贵贱，自由不自由之间异耳。

客谓物强者死徒，事穷者势反，固也。然不悟物之极也，固有其所由极，故势之反也，亦有其所由反。善保其强，则强者正所以长存；不善用其柔，则柔者乃所以速死。彼《周易》否泰之数，老氏雄雌之言，固圣智之妙用微权，而非不事事听其自至之谓也。不事事而听其自至，此太甲所谓"自作孽，不可逭"者耳。天固何尝为不织者减寒，为不耕者减饥耶？至土耳其之所以常存，则彼自谟罕蓦德设教以来，固以武健严酷、死同仇异之道狃其民者也。故文不足而质有余，学术法度虽无可言乎，而劲悍胜兵则尚足以有立。此所以虽介两雄，而灭亡犹未也。然而日削月侵，其为存亦仅矣。此诚非暖暖姝姝，偷懦惮事如中国之民者，所援之以自广也。悲夫！

虽然，论国土盛衰强弱之间，亦仅畴其差数而已。夫自今日中国而视西洋，则西洋诚为强且富，顾谓其至治极盛，则又大谬不然之说也。夫古之所谓至治极盛者，曰家给人足，曰比户可封，曰刑措不用，之数者，皆西洋各国之所不能也。且岂仅不能而已，自彼群学之家言之，且恐相背而驰去之滋远焉。盖世之所以得致太平者，必其民之无甚富，亦无甚贫，无甚贵，亦无甚贱。假使贫富贵贱过于相悬，则不平之鸣，争心将作，大乱之故，常由此生。二百年来，西洋自测算格物之学大行，制作之精实为亘古所未有，民生日用之际，殆无往而不用其机。加以电邮、汽舟、铁辙三者，其能事足以收六合之大，归之一二人掌握而有余。此虽有益于民生之交通，而亦大利于奸雄之垄断。垄断既兴，则是贫富贵贱之相悬滋益远矣。尚幸其国政教之施，以平等自由为宗旨，所以强豪虽盛，尚无役使作横之风，而贫富之差，则虽欲平之而终无术矣。中国之古语云："富者越陌连阡，贫者无立锥之地；富者唾弃粱肉，贫者不厌糟糠。"至于西洋则其贫者之不厌糟糠，无立锥之地，与中国差相若，而连阡陌，弃粱肉，固未足以尽其富也。夫在中国，言富以亿兆计，可谓雄矣，而在西洋，则以京、垓、秭载计者，不胜偻指焉。此其人非必勤劳贤智，胜于人人也，仰机射利，役物自封而已。夫贫富不均如此，是以国财虽雄，而民风不竞，作奸犯科，流离颠沛之民，乃与贫国相若，而于是均贫富之党兴，毁君臣之议起矣。且也奢侈过深，人心有发狂之患；孳乳甚速，户口有过庶之忧。故深识之士，谓西洋教化不异唐花。语虽微偏，不为无见。至盛极治，固如此哉！

然而此之为患，又非西洋言理财、讲群学者之所不知也。彼固合数国之贤者，聚数百千人之知虑而图之，而卒苦于无其术。盖欲救当前之弊，其事存于人心风俗之间。夫欲贵贱贫富之均平，必其民皆贤而少不肖，皆智而无甚愚而后可。否则，虽今日取一国之财产而悉均之，而明日之不齐又见矣。何则？乐于惰者不能使之为勤，乐于奢者不能使之为俭也。是故国之强弱贫富治乱者，其民力、民智、民德三者之征验也。必三者既立而后其政法从之，于是一政之举，一令之施，合于其智、德、力者存，违于其智、德、力者废。当是之时，虽有英君察相，苟不自其本而图之，则亦仅能补偏救弊，偷为一时之治而已矣。听其自至，浸假将复其旧而由其常焉。且往往当其补救之时，本弊未去，而他弊丛然以生。偏于此者虽祛，而偏于彼者闯然更见。甚矣徒政之不足与为治也。往者，英国常禁酒矣，而民之酗酒者愈多；尝禁重利盘剥矣，而私债之息更重。瑞典禁贫民嫁娶不以时，而所谓天生子者满街。法国反政之后，三为民主，而官吏之威权益横。美国华盛顿立法至精，而苞苴贿赂之风至今无由尽绝。善夫斯宾塞尔之言曰："民之可化至于无穷，惟不可期之以骤。"而吾孔子亦曰："为邦百年，胜残去杀。"又曰："虽有王者，必世后仁。"程子曰："有关雎、麟趾之风，而后可以行周礼。"古今哲人，如知盖审。故曰，欲知其合，先察其分。天下之物，未有不本单之形法性情，以为其聚之形法性情者也。是故贫民无富国，弱民无强国，乱民无治国。

　　然则假令今有人于此，愤中国之积弱积贫，攘臂言曰："胡不使我为治？使我为治，则天下事数著可了耳，十年以往，其庶几乎！"然则其道将奚由？彼将曰："中国之所以不振者，非法制之罪也，患在奉行不力而已。祖宗之成宪具在，吾宁率由之而加实力焉。"于是而督责之令行，刺举之政兴。如是而为之十年，吾决知中国之贫与弱犹自若也？何则？天下大势犹水之东流，夫已浩浩成江河矣，乃障而反之，使之在山，此人力所必不胜也。于是又有人焉，曰："法制者，圣人之刍狗，先王之蘧庐也，一陈不可复用，一宿不可复留。"宇宙大势既日趋于混同矣，不自其同于人者而为之，必不可也。方今之计，为求富强而已矣。彼西洋诚富诚强者也，是以今日之政，非西洋莫与师。由是于朝也，则建民主，立真相；于野也，则通铁轨，开矿功。练通国之陆军，置数十百艘之海旅，此亦近似而差强人意矣。然使由今之道，无变今之俗，十年以往，吾恐其效将不止贫与弱而止也。盖一国之事，同于人身。今夫人身，逸则弱，劳则强者，固常理也。然使病夫焉，日从事于超距赢越之间，以是求强，则有速其死而已矣。今之中国非犹是病夫也耶？且夫中国知西法之当师，不自甲午东事败衄之后始也。海禁大开以还，所兴发者亦不少矣，译署，一也；同文馆，二也；船政，三也；出洋肄业局，四也；轮船招商，五也；制造，六也；海军，七也；海署，八也；洋操，九也；学堂，十也；出使，十一也；矿务，十二也；电邮，十三也；铁路，十四也。拉什数之，盖不止一二十事。此中大半皆西洋以富以强之基，而自吾人行之，则淮橘为枳，若存若亡，不能实收其效者，则又何也？苏子瞻曰："天下之祸，莫大于上作而下不应。上作而下不应，则上亦将穷而自止。"斯宾塞尔曰："富强不可为也，政不足与治。相其宜，动其机，培其本根，卫其成长，则其效乃不期而自立。"是故苟民力已苶，民智已卑，民德已薄，虽有富强之政，莫之能行。盖政如草木焉，置之其地而发生滋大者，必其地之肥硗燥湿寒暑，与其种性最宜者而后可。否则萎髢而已，再甚则僵槁而已。往者王介甫之变法也，法非不良，意非不美也，而其效浸淫至于亡宋，此其故可深长思也。管、商变法而行，介甫之变法而敝，在其时之风俗人心，与其法之宜不宜而已矣。达尔文曰："物各竞存，最宜者立。"动植如是，政教亦如是也。

　　夫如是，则中国今日之所宜为，大可见矣。夫所谓富强云者，质而言之，不外利民云尔。然政欲利民，必自民各能自利始；民各能自利，又必自皆得自由始；欲听其皆得自由，尤必自其各能自治始。反是且乱。顾彼民之能自治而自由者，皆其力、其智、其德，诚优者也。是以今日要政统于三端：一曰鼓民力，二曰开民智，三曰新民德。夫为一弱于群强之间，政之所施固常有标本缓急之可论。惟是使三者诚进，则其治标而标立；三者不进，则其标虽治，终亦无功；此舍本言标者之所以为无当也。虽然，其事至难言矣。夫中国今日之民，其力、智、德三者，苟通而言之，则经数千年之层递积累，本之乎山川风土之攸殊，导之乎刑政教俗之屡变，陶均炉锤而成此最后之一境。今日欲以旦暮之为，谓有能淘洗改革，求以合于当前之世变，以自存于佢儴烦扰之中，此其胜负通室之数，殆可不待再计而知矣。然而自微积之理而观之，则曲之为变，固有疾徐；自力学之理而明之，则物动有由，皆资外力。今者外力逼迫，为我权藉，变率至疾，方在此时。智者慎守力权，勿任旁夺，则天下事正于此乎而大可为也。即彼西洋之克有今日者，其变动之速，远之亦不过二百年，近之亦不过五十年已耳，则我何为而不奋发也耶！

然则鼓民力奈何？今者论一国富强之效，而以其民之手足体力为之基，此自功名之士观之，似为甚迂而无当。顾此非不佞一人之私言也，西洋言治之家莫不以此为最急。历考中西史传所垂，以至今世五洲五六十国之间，贫富弱强之异，莫不于此焉肇分。周之希腊，汉之罗马，唐之突厥，晚近之峨特一种，莫不以壮佼长大、耐苦善战称雄一时。而中土畴昔纷争之代，亦皆以得三河六郡，为取天下先资。顾今或谓自火器盛行，懦夫执靶，其效如壮士惟均，此真无所识知之论也。不知古今器用虽异，而有待于骁猛坚毅之气则同。且自脑学大明，莫不知形神相资，志气相动，有最胜之精神而后有最胜之智略。是以君子小人，劳心劳力之事，均非气体强健者不为功。此其理，吾古人知之，故庠序校塾不忘武事，壶勺之仪，射御之教，凡所以练民筋骸、鼓民血气者也。而孔、孟二子，皆有魁桀之姿。彼古之希腊、罗马人亦知之，故其阿克德美之中，莫不有津蒙那知安属焉，而柏拉图乃以骈胁著号。至于近世，则欧罗化国，尤鳃鳃然以人种日下为忧，操练形骸不遗余力，饮食养生之事，医学所详，日以精审。此其事不仅施之男子已也，乃至妇女亦莫不然。盖母健而后儿肥，培其先天而种乃进也。去岁日本行之，《申报》论其练及妇女，不知所云。嗟夫！此真非以裹脚为美之智之所与也。故中国礼俗，其贻害民力，而坐令其种日偷者，由法制学问之大，以至于饮食居处之微，几于指不胜指。

而沿习至深,害效最著者,莫若吸食鸦片、女子缠足二事。此中国朝野诸公所谓至难变者也。然而夷考其实,则其说有不尽然者。今即鸦片一端而论,则官兵士子,禁例原所未用。假令天子亲察二品以上之近臣大吏,必其不染者而后用之,近臣大吏各察其近属,如是而转相察,藩臬察郡守,郡守察州县,州县察佐贰,学臣之察士,将帅之察兵,亦用是术焉,务使所察者,人数至简,以期必周。如是定相坐之法,而实力行之,则官兵士子之染祛。官兵士子之染祛,则天下之民知染其毒者,必不可以为官兵士子也,则自爱而求进者必不吸食。夫如是,则吸者日少,俟其既少,然后著令禁之,旧染渐去,新染不增,三十年之间可使鸦片之害尽绝于天下。至于缠足,本非天下女子之所乐为也,拘于习俗而无敢畔其范围而已。假令一日者,天子下明诏为民言缠足之害,且曰继自今自某年所生女子而缠足,吾其毋封,则天下之去其习者,犹热之去燎,而寒之去裘也。夫何难变之与!有夫变俗如是二者非难行也,不难行而不行者,以为无与国是民生之利病而已。而孰知种以之弱,国以之贫,兵以之孱,胥于此焉阶之厉耶!是鸦片、缠足二事,不早为之所,则变法者皆空言而已矣。

其开民智奈何?今夫尚学问者,则后事功,而急功名者,则轻学问。二者交失,其实则相资而不可偏废也。顾功名之士多有,而学问之人难求,是则学问贵也。东土之人见西国今日之财利,其隐赈流溢如是,每疑之而不信;迨亲见而信矣,又莫测其所以然;及观其治生理财之多术,然后知其悉归功于亚丹斯密之一书。此泰西有识之公论也。是以制器之备,可求其本于奈端;舟车之神,可推其原于瓦德;用电之利,则法拉第之功也;民生之寿,则哈尔斐之业也。而二百年学运昌明,则又不得不以柏庚氏之摧陷廓清之功为称首,学问之士,倡其新理;事功之士,窃之为术而大有功焉。故曰民智者,富强之原。此悬诸日月不刊之论也。顾彼西洋,以格物致知为学问本始,中国非不尔云也,独何以民智之相越乃如此耶?或曰:"中国之智虑运于虚,西洋之聪明寄于实。"此其说不然。自不佞观之,中国虚矣,彼西洋尤虚;西洋实矣,而中国尤实;异者不在虚实之间也。夫西洋之于学,自明以前与中土亦相垺耳。至于晚近,言学则先物理而后文词,重达用而薄藻饰。且其教子弟也,尤必使自竭其耳目,自致其心思,贵自得而贱因人,喜善疑而慎信古。其名、数诸学,则藉以教致思穷理之术;其力、质诸学,则假以导观物察变之方。而其本事,则筌蹄之于鱼兔而已矣。故赫胥黎曰:"读书得智,是第二手事,唯能以宇宙为我简编，民物为我文字者，斯真学耳。"此西洋教民要术也。而回观中国则何如？夫朱子以即物穷理，释格物致知，是也。至以读书穷理言之，风斯在下矣。且中土之学，必求古训。古人之非，既不能明，即古人之是，亦不知其所以是。记诵词章既已误，训诂注疏又甚拘，江河日下，以至于今日之经义八股，则适足以破坏人才，复何民智之开之与有耶？且也六七龄童子入学，脑气未坚，即教以穷玄极眇之文字，事资强记，何裨灵襟！其中所恃以开浚神明者，不外区区对偶已耳。所以审核物理，辨析是非者，胥无有焉。以是为学，又何怪制科人十九鹘突于人情物理，转不若农工商贾之有时而当也。今之蒿目时事者，每致叹于中国读书人少。自我观之，如是教人，无宁学者少耳。今者物穷则变，言时务者，人人皆言变通学校，设学堂，讲西学矣。虽然谓十年以往，中国必收其益，则又未必然之事也。何故？旧制尚存，而荣途未开也。夫如是，士之能于此深求而不倦厌者，必其无待而兴，即事而乐者也。否则刻棘之业虽苦，市骏之赏终虚，同辈知之则相忌，门外不知则相忘，几何不废然反也！是故欲开民智，非讲西学不可；欲讲实学，非另立选举之法，别开用人之途，而废八股试帖、策论诸制科不可。

至于新民德之事，尤为三者之最难。今微论西洋教宗如何，然而七日来复，必有人焉聚其民，而耳提面命之，而其所以为教之术，则临之以帝天之严，重之以永生之福。人无论王侯君公，降以至于穷民无告，自教而观之，则皆为天子赤子，而平等义以明。平等义明，故其民知自重，而有所劝于为善。今夫"上帝临汝，勿贰尔心"、"相在尔室，尚不愧于屋漏"者，大人之事而君子之所难也；而西洋小民，但使信教诚深，则夕惕朝乾，与吾之大人君子无所异。内省不疚，无恶于志，不为威惕，不为利诱，此诚教中常义，而非甚瑰琦绝特之行者也。民之心有所生，而其为教有常，故其效能如此。至于吾民，则姑亦无论学校义废久矣，即使尚存如初，亦不过择凡民之俊秀者而教之。至于穷檐之子，编户之氓，则自襁褓以至成人，未尝闻有孰教之者也。孟子曰："饱食暖衣，逸居而无教，则近于禽兽。"夫饱食暖衣之民，无教尚如此，则彼饥寒逼躯，救死不赡者，当何如乎？后义先利，诈伪奸欺，固其所耳。曩甲午之办海防也，水底碰雷与开花弹子，有以铁滓沙泥代火药者。洋报议论，谓吾民以数金锱铢之利，虽使其国破军杀将、失地丧师不顾，则中国今日之败衄，他日之危亡，不可谓为不幸矣。此其事足使闻者发指，顾何待言！然诸君亦尝循其

本，而为求其所以然之故欤？盖自秦以降，为治虽有宽苛之异，而大抵皆以奴虏待吾民。虽有原省，原省此奴虏而已矣；虽有燠咻，燠咻此奴虏而已矣。夫上既以奴虏待民，则民亦以奴虏自待。夫奴虏之于主人，特形劫势禁，无可如何已耳，非心悦诚服有爱于其国与主，而共保持之也。故使形势可恃，国法尚行，则黥靴剺面，胡天胡帝，扬其上于至高，抑其己于至卑，皆劝为之；一旦形势既去，法所不行，则独知有利而已矣，共起而挺之，又其所也，复何怪乎！今夫中国人詈诟人也，骂曰畜产，可谓极矣。而在西人，则莫须有之词也。而试入其国，而骂人曰无信之诳子，或曰无勇之怯夫，则朝言出口，而挑斗相死之书已暮下矣。何则？彼固以是为至辱，而较之畜产万万有加焉，故宁相死而不可以并存也。而我中国，则言信行果仅成硁硁小人，君子弗尚也。盖东西二洲，其风尚不同如此。苟求其故，有可言也。西之教平等，故以公治众而尚自由。自由，故贵信果。东之教立纲，故以孝治天下，而首尊亲。尊亲，故薄信果。然其流弊之极，至于怀诈相欺，上下相遁，则忠孝之所存，转不若贵信果者之多也。且彼西洋所以能使其民，皆若有深私至爱于其国与主，而赴公战如私仇者，则亦有道矣。法令始于下院，是民各奉其所自主交约，而非率土之制也；宰相以下，皆由一国所推择。是官者，民之所设以厘百工，而非徒以尊奉仰戴者也，抚我虐我，皆非所论者矣。出赋以庀工，无异自营其田宅；趋死以杀敌，无异自卫其室家。吾每闻英之人言英，法之人言法，以至各国之人之言其所生之国土，闻其名字，若我曹闻其父母之名，皆肫挚固结，若有无穷之爱也者。此其故何哉！无他，私之以为己有而已矣。是故居今之日，欲进吾民之德，于以同力合志，联一气而御外仇，则非有道焉使各私中国不可也。顾处士曰："民不能无私也，圣人之制治也，在合天下之私以为公。"然则使各私中国奈何？曰设议院于京师，而令天下郡县各公举其守宰。是道也，欲民之忠爱必由此，欲教化之兴必由此，欲地利之尽必由此，欲道里之辟、商务之兴必由此，欲民各束身自好而争濯磨于善必由此。呜呼！圣人复起，不易吾言矣！

　　此三者，自强之本也。不如是，则虽有伊尹、吕尚为之谋，吴起、李牧为之战，亦将寖衰寖灭，必无有强之一日，决也。虽然，无亦有其标者焉？然则治标奈何？练兵乎？筹饷乎？开矿乎？通铁道乎？兴商务乎？曰，是皆可为。有其本则皆立，无其本则终废。自甲午以来，海内樊然并兴者亦已众矣，其效何若，其有益于强之数与否，识时审势之士将能言之，无假鄙人深论者也。虽然，有一事焉，自仆观之，则为标之所最亟而不可稍或辽缓者也。其事维何？曰必朝廷除旧布新，有一二非常之举措，内有以慰薄海臣民之深望，外有以破敌国侮夺之阴谋，则庶几乎其有豸耳。不然，是琐琐者，虽百举措无益也。善夫吾友新会梁任公之言曰："万国蒸蒸，大势相逼，变亦变也，不变亦变。变而变者，变之权操诸己；不变而变者，变之权让诸人。"《传》曰："无滋他族，实逼处此。"愿天下有心人三复斯言，而早为之所焉可耳。

辟　　韩

　　往者吾读韩子《原道》之篇，未尝不恨其于道于治浅也。其言曰："古之时，人之害多矣。有圣人者立，然后教之以相生相养之道，为之君，为之师，驱其虫蛇禽兽而处之中土。寒，然后为之衣；饥，然后为之食；木处而颠，土处而病也，然后为之宫室。为之工以赡其器用，为之贾以通其有无，为之医药以济其夭死，为之葬埋祭祀以长其恩爱，为之礼以次其先后，为之乐以宣其湮郁，为之政以率其怠倦，为之刑以锄其强梗。相欺也，为之符玺、斗斛、权衡以信之；相夺也，为之城郭、甲兵以守之。害至而为之备，患生而为之防。""如古无圣人，人之类灭久矣。何也？无羽毛、鳞介以居寒热也，无爪牙以争食也。"如韩子之言，则彼圣人者，其身与其先祖父必皆非人焉而后可，必皆有羽毛、鳞介而后可，必皆有爪牙而后可。使圣人与其先祖父而皆人也，则未及其生，未及成长，其被虫蛇、禽兽、寒饥、木土之害而夭死者，固已久矣，又乌能为之礼乐刑政，以为他人防备患害也哉？老子道，其胜孔子与否，抑无所异焉，吾不足以定之。至其明自然，则虽孔子无以易。韩子一概辞而辟之，则不思之过耳。

　　而韩子又曰："君者，出令者也；臣者，行君之令而致之民者也；民者，出粟米麻丝、作器皿、通货财以事其上者也。君不出令，则失其所以

为君；臣不行君之令，则失其所以为臣；民不出粟米麻丝、作器皿、通货财以事其上，则诛。"嗟乎！君民相资之事，固如是焉已哉？夫苟如是而已，则桀、纣、秦政之治，初何以异于尧、舜、三王？且使民与禽兽杂居，寒至而不知衣，饥至而不知食，凡所谓宫室、器用、医药、葬埋之事，举皆待教而后知为之，则人之类其灭久矣，彼圣人者，又乌得此民者出令而君之。

且韩子胡不云："民者，出粟米麻丝、作器皿、通货财以相为生养者也，有其相欺相夺而不能自治也，故出什一之赋，而置之君，使之作为刑政、甲兵，以锄其强梗，备其患害。然而君不能独治也，于是为之臣，使之行其令，事其事。是故民不出什一之赋，则莫能为之君；君不能为民锄其强梗，防其患害则废，臣不能行其锄强梗，防患害之令则诛乎？"

孟子曰："民为重，社稷次之，君为轻。"此古今之通义也。而韩子不尔云者，知有一人而不知有亿兆也。老之言曰："窃钩者诛，窃国者侯。"夫自秦以来，为中国之君者，皆其尤强梗者也，最能欺夺者也。窃尝闻"道之大原出于天"矣，今韩子务尊其尤强梗、最能欺夺之一人，使安坐而出其唯所欲为之令，而使天下无数之民，各出其苦筋力、劳神虑者，以供其欲，少不如是焉则诛，天之意固如是乎？道之原又如是乎？"呜呼！其亦幸出于三代之后，不见黜于禹、汤、文、武、周公、孔子也；其亦不幸不出于三代之前，不见正于禹、汤、文、武、周公、孔子也！"

且韩子亦知君臣之伦之出于不得已乎？有其相欺，有其相夺，有其强梗，有其患害，而民既为是粟米麻丝、作器皿、通货财与凡相生相养之事矣，今又使之操其刑焉以锄，主其斗斛、权衡焉以信，造为城郭、甲兵焉以守，则其势不能。于是通功易事，择其公且贤者，立而为之君。其意固曰，吾耕矣织矣，工矣贾矣，又使吾自卫其性命财产焉，则废吾事；何若使子专力于所以为卫者，而吾分其所得于耕织工贾者，以食子给子之为利广而事治乎？此天下立君之本旨也；是故君也臣也，刑也兵也，皆缘卫民之事而后有也；而民之所以有待于卫者，以其有强梗欺夺患害也。有其强梗欺夺患害也者，化未进而民未尽善也。是故君也者，与天下之不善而同存，不与天下之善而对待也。今使用仁义道德之说，而天下如韩子所谓"以之为己，则顺而祥；以之为人，则爱而公；以之为心，则和且平"，夫如是之民，则将莫不知其性分之所固有，职分之所当为矣，尚何有于强梗欺夺？尚何有于相为患害？又安用此高高在上者，朘我以生，出令令我，责所出而诛我，时而抚我为后，时而虐我为仇也哉？故曰：君臣之伦，盖出于不得已也！唯其不得已，故不足以为道之原。彼佛之弃君臣是也，其所以弃君臣非也。而韩子将以谓是固与天壤相弊也者，又乌足以为知道者乎！

然而及今而弃吾君臣，可乎？曰：是大不可。何则？其时未至，其俗未成，其民不足以自治也。彼西洋之善国且不能，而况中国乎！今夫西洋者，一国之大公事，民之相与自为者居其七，由朝廷而为之者居其三，而其中之荦荦尤大者，则明刑治兵两大事而已。何则？是二者，民之所仰于其国之最急者也。昔汉高入关，约法三章耳，而秦民大服。知民所求于上者，保其性命财产，不过如是而已。更骛其余，所谓"代大匠斫，未有不伤指"者也。是故使今日而中国有圣人兴，彼将曰："吾之以藐藐之身托于亿兆人之上者，不得已也，民弗能自治故也。民之弗能自治者，才未逮，力未长，德未和也。乃今将早夜以孳孳求所以进吾民之才、德、力者，去其所以困吾民之才、德、力者，使其无相欺相夺而相患害也，吾将悉听其自由。民之自由，天之所畀也，吾又乌得而靳之！如是，幸而民至于能自治也，吾将悉复而与之矣。唯一国之日进富强，余一人与吾子孙尚亦有利焉，吾曷贵私天下哉！"诚如是，三十年而民不大和，治不大进，六十年而中国有不克与欧洲各国方富而比强者，正吾莠言乱政之罪可也。彼英、法、德、美诸邦之进于今治者，要不外百余年、数十年间耳。况夫彼为其难，吾为其易也。

嗟夫！有此无不有之国，无不能之民，用庸人之论，忌讳虚骄，至于贫且弱焉以亡，天下恨事孰过此者！是故考西洋各国，当知富强之甚难也，我何可以苟安？考西洋各国，又当知富强之甚易也，我不可以自馁，道在去其害富害强，而日求其能与民共治而已。语有之曰："曲士不可与语道者，束于教也。"苟求自强，则六经且有不可用者，况夫秦以来之法制！如彼韩子，徒见秦以来之为君。秦以来之为君，正所谓大盗窃国者耳。国谁窃？转相窃之于民而已。既已窃之矣，又惴惴然恐其主之或觉而复之也，于是其法与令猬毛而起，质而论之，其什八九皆所以坏民之才，散民之力，漓民之德者也。斯民也，固斯天下之真主也，必弱而愚之，使其常不觉，常不足以有为，而后吾可以长保所窃而永世。嗟乎！夫谁知患常出于所虑之外也哉？此庄周所以有胠箧之说也。是故西洋之言治者曰：国者，斯民之公产也，王侯将相者，通国之公仆隶也。而中国之尊王者

曰："天子富有四海，臣妾亿兆。"臣妾者，其文之故训犹奴虏也。夫如是则西洋之民，其尊且贵也，过于王侯将相，而我中国之民，其卑且贱，皆奴产子也。设有战斗之事，彼其民为公产公利自为斗也，而中国则奴为其主斗耳。夫驱奴虏以斗贵人，固何所往而不败。

救亡决论

天下理之最明而势所必至者，如今曰中国不变法则必亡是已。然则变将何先？曰：莫亟于废八股。夫八股非自能害国也，害在使天下无人才。其使天下无人才奈何？曰：有大害三：

其一害曰：锢智慧。今夫生人之计虑智识，其开也，必由粗以入精，由显以至奥，层累阶级，脚踏实地，而后能机虑通达，审辨是非。方其为学也，必无谬悠影响之谈，而后其应事也，始无颠倒支离之患。何则？其所素习者然也。而八股之学大异是。垂髫童子，目未知菽粟之分，其入学也，必先课之以《学》《庸》《语》《孟》，开宗明义，明德新民，讲之既不能通，诵之乃徒强记。如是数年之后，行将执简操觚，学为经义，先生教之以擒挽之死法，弟子资之于剽窃以成章。一文之成，自问不知何语。迨夫观风使至，群然挟兔册，裹饼饵，逐队唱名，俯首就案，不违功令，皆足求售，谬种流传，羌无一是。如是而博一衿矣，则其荣可以夸乡里；又如是而领乡荐矣，则其效可以觊民社。至于成贡士，入词林，则其号愈荣，而自视也亦愈大。出宰百里，入主曹司，珥笔登朝，公卿跬步。以为通天地人之谓儒。经朝廷之宾兴，蒙皇上之亲策，是朝廷固命我为儒也。千万旅进，人皆铩羽，我独成龙，是冥冥中之鬼神，又许我为儒也。夫朝廷鬼神皆以我为儒，是吾真为儒，且真为通天地人之儒。从此天下事来，吾以半部《论语》治之足矣，又何疑哉！又何难哉！作秀才时无不能作之题，作宰相时自无不能作之事，此亦其所素习者然也。谬妄糊涂，其曷足怪？

132

其二害曰：坏心术。揆皇始创为经义之意，其主于愚民与否，吾不敢知；而天下后世所以乐被其愚者，岂不以圣经贤传，无语非祥，八股法行，将以"忠信廉耻"之说渐摩天下，使之胥出一途，而风俗亦将因之以厚乎？而孰知今日之科举，其事效反于所期，有断非前人所及料者。今姑无论试场大弊，如关节顶替、倩枪联号，诸寡廉鲜耻之尤，有力之家，每每为之，而未尝稍以为愧也。请第试言其无弊者，则孔子有言："知之为知之，不知为不知，是知也"，故言止于所不知，固学者之大戒也。而今日八股之士，乃真无所不知。夫无所不知，非人之所能也。顾上既如是求之，下自当以是应之。应之奈何？剿说是已。夫取他人之文词，腆然自命为己出，此其人耻心所存，固已寡矣。苟缘是而侥幸，则他日掠美作伪之事愈忍为之，而不自知其为可耻。然此犹其临场然耳。至其平日用功之顷，则人手一编，号曰揣摩风气。即有一二聪颖子弟，明知时尚之日非，然去取所关，苟欲求售，势必俯就而后可。夫所贵于为士，与国家养士之深心，岂不以矫然自守，各具特立不诡随之风，而后他日登朝，乃有不苟得不苟免之概耶！乃今者，当其作秀才之日，务必使之习为剿窃诡随之事，致令羞恶是非之心，旦暮梏亡，所存濯濯。又何怪委赘通籍之后，以巧宦为宗风，以趋时为秘诀。否塞晦盲，真若一丘之貉。苟利一身而已矣，遑恤民生国计也哉！且其害不止此。每逢春秋两闱，其闱内外所张文告，使不习者观之，未有不欲股弁者。逮亲见其实事，乃不徒大谬不然，抑且变本加厉。此奚翅当士子出身之日，先教以赫赫王言，实等诸济窍飘风，不关人事，又何怪他日者身为官吏，刑在前面不栗，议在后而不惊。何则？凡此又皆所素习者然也。是故今日科举之事，其害不止于锢智慧，坏心术，其势且使国宪王章渐同粪土，而知其害者，果谁也哉？

其三害曰：滋游手。扬子云有言："言，心声也；书，心画也。"故知言语文字二事，系生人必具之能。人不知书，其去禽兽也，仅及半耳。中国以文字一门专属之士，而西国与东洋则所谓四民之众，降而至于妇女走卒之伦，原无不识字知书之人类。且四民并重，从未尝以士为独尊，独我华人，始翘然以知书自异耳。至于西洋理财之家，且谓农工商贾皆能开天地自然之利，自养之外，有以养人，独士枵然，开口待哺。是故士者，固民之蠹也。惟其蠹民，故其选士也，必务精，而最忌广；广则无所事事，而为游手之民，其弊也，为乱为贫为弱。而中国则后车十乘，从者百人，孟子已肇厉阶。至于今日之士，则尚志不闻，素餐等诮。十年之间，正恩

累举，朝廷既无以相待，士子且无以自存。棫朴丛生，人文盛极。然若以孙文台杀荆州太守坐无所知者例之，则与当涂公卿，皆不容于尧、舜之世者也。况夫益之以保举，加之以捐班，决疣溃痈，靡知所届。中国一大豕也，群虱总总，处其奎蹄曲隈，必有一日焉，屠人操刀，具汤沐以相待，至是而始相吊焉，固已晚矣。悲夫！

夫数八股之三害，有一于此，则其国鲜不弱而亡，况夫兼之者耶！今论者将谓八股取士，固未尝诚负于国家，彼自明以来用之矣，其所收之贤哲巨公，指不胜屈，宋苏轼尝论之矣。果循名责实之道行，则八股亦何负于天下？此说固也，然不知利禄之格既悬，则无论操何道以求人，将皆有聪明才智之俦入其彀。设国家以饭牛取士，亦将得窜戚、百里大夫；以牧豕取士，亦将得卜式、公孙丞相。假当日见其得人，遂以此为科举之恒法，则诸公以为何如？夫科举之事，为国求才也，劝人为学也。求才为学二者，皆必以有用为宗。而有用之效，征之富强；富强之基，本诸格致。不本格致，将无所往而不荒虚，所谓蒸砂千载，成饭无期者矣。彼苏氏之论，取快一时，盖方与温公、介甫立异抵巇，又何可视为笃论耶！总之，八股取士，使天下消磨岁月于无用之地，堕坏志节于冥昧之中，长人虚骄，昏人神智，上不足以辅国家，下不足以资事畜。破坏人才，国随贫弱。此之不除，徒补苴罅漏，张皇幽渺，无益也；虽练军实、讲通商，亦无益也。何则？无人才，则之数事者，虽举亦废故也。舐糠及米，终致危亡而已。然则救之之道当何如？曰：痛除八股而大讲西学，则庶乎其有鸠耳。东海可以回流，吾言必不可易也。

难者曰：夫八股锢智慧，坏心术，滋游手，积将千年之弊，流失败坏，一旦外患凭陵，使国家一无可恃。欲战则忧速亡，忍耻求和，则恐寖微寖灭。当是之时，其宜改弦更张，不待议矣。顾惟是处存亡危急之秋，待学问以图功，将何殊播谷饲蚕，俟获成献功，以救当境饥寒之患。道则是矣，于涂无乃迂乎？今先生论救亡而以西学格致为不可易，夫格致何必西学，固吾道《大学》之始基也，独其效若甚赊，其事若甚琐。朱晦翁《补传》一篇，大为后贤所聚讼。同时陆氏兄弟，已有逐物破道之讥。前明姚江王伯安，儒者之最有功业者也，格窗前一竿竹，七日病生。其说谓"格"字当以孟子格君心之非，及今律格杀勿论诸"格"字为训，谓当格除外物，而后有以见良知之用，本体之明。此尤事功无待格致之明证，而先生谓富强以格致为先务，蒙窃惑之。其说得详闻欤？

应之曰：不亦善乎，客问之也。夫中土学术政教，自南渡以降，所以愈无可言者，孰非此陆、王之学阶之厉乎！以国朝圣祖之圣，为禹、文以后仅见之人君，亦不过挽之一时，旋复衰歇。盖学术末流之大患，在于徇高论而远事情，尚气矜而忘实祸。夫八股之害，前论言之详矣。而推而论之，则中国宜屏弃弗图者，尚不止此。自有制科来，士之舍干进梯荣，则不知焉所事学者，不足道矣。超俗之士，厌制艺则治古文词；恶试律则为古今体；鄙摺卷者，则争碑版篆隶之上游；薄讲章者，则标汉学考据之赤帜。于是此追秦、汉，彼尚八家；归、方、刘、姚、恽、魏、方、龚，唐祖李、杜，宋祢苏、黄；七子优孟，六家鼓吹。魏碑晋帖，南北派分；东汉刻石，北齐写经。戴、阮、秦、王，直闯许、郑；深衣几幅，明堂两个。钟鼎校铭，珪琮著考。秦权汉日，穰穰满家。诸如此伦，不可殚述。然吾得一言以蔽之，曰：无用。非真无用也，凡此皆富强而后物阜民康，以为怡情遣日之用，而非今日救弱救贫之切用也。其又高者曰：否否，此皆不足为学。学者学所以修己治人之方，以佐国家化民成俗而已。于是佗陈礼乐，广说性理。周、程、张、朱、关、闽、濂、洛。学案几部，语录百篇。《学蔀通辨》《晚年定论》。关学刻苦，永嘉经制。深宁、东发，继者顾、黄，《明夷待访》《日知》著录。褒衣大袖，尧行舜趋。訑訑声颜，距人千里。灶上驱虏，折箠笞羌。经营八表，牢笼天地。夫如是，吾又得一言以蔽之，曰：无实。非果无实也，救死不赡，宏愿长赊。所托愈高，去实滋远。徒多伪道，何裨民生也哉！故由后而言，其高过于西学而无实；由前而言，其事繁于西学而无用。均之无救危亡而已矣。

客谓处存亡危急之秋，务亟图自救之术，此意是也。固知处今而谈，不独破坏人才之八股宜除，举凡宋学汉学，词章小道，皆宜且束高阁也。即富强而言，且在所后，法当先求何道可以救亡。惟是申陆、王二氏之说，谓格致无益事功，抑事功不俟格致，则大不可。夫陆、王之学，质而言之，则直师心自用而已。自以为不出户可以知天下，而天下事与其所谓知者，果相合否？不径庭否？不复问也。自以为闭门造车，出而合辙，而门外之辙与其所造之车，果相合否？不龃龉否？又不察也。乡壁虚造，顺非而泽，持之似有故，言之若成理。其甚也，如骊山博士说瓜，不问瓜之有无，议论先行蜂起，秦皇坑之，未为过也。盖陆氏于孟子，独取良知不学、万物皆备之言，而忘言性求故、既竭目力之事，惟其自视太高，所以强物就我。后世学者，乐其径易，便于惰窳敖慢之情，遂群然趋之，莫之

自返。其为祸也,始于学术,终于国家。故其于己也,则认地大民众为富强,而果富强否?未尝验也;其于人也,则神州而外皆夷狄,其果夷狄否?未尝考也。抵死虚侨,未或稍屈。然而天下事所不可逃者,实而已矣,非虚词饰说所得自欺,又非盛气高言所可持劫也。迨及之而知,履之而艰,而天下之祸,固无救矣。胜代之所以亡,与今之所以弱者,不皆坐此也耶!前车已覆,后轸方遒,真可叹也!若夫词章一道,本与经济殊科,词章不妨放达,故虽极蜃楼海市,惝悦迷离,皆足移情遣意。一及事功,则淫遁诐邪,生于其心,害于其政矣;苟且粉饰,出于其政者,害于其事矣。而中土不幸,其学最尚词章,致学者习与性成,日增惰慢。又况以利禄声华为准的,苟务悦人,何须理实,于是惰慢之余,又加之以险躁,此与武侯学以成才之说,奚啻背道而驰?仆前谓科举破坏人才,此又其一者矣。

然而西学格致,则其道与是适相反。一理之明,一法之立,必验之物物事事而皆然,而后定之为不易。其所验也贵多,故博大;其收效也必恒,故悠久;其究极也,必道通为一,左右逢源,故高明。方其治之也,成见必不可居,饰词必不可用,不敢丝毫主张,不得稍行武断,必勤必耐,必公必虚,而后有以造其至精之域,践其至实之途。迨夫施之民生日用之间,则据理行术,操必然之券,责未然之效,先天不违,如土委地而已矣。且西士有言:凡学之事,不仅求知未知,求能不能已也。学测算者,不终身以窥天行也;学化学者,不随在而验物质也;讲植物者,不必耕桑;讲动物者,不必牧畜。其绝大妙用,在于有以炼智虑而操心思,使习于沉者不至为浮,习于诚者不能为妄。是故一理来前,当机立剖,昭昭白黑,莫使听荧。凡夫惝疑虚猲,荒渺浮夸,举无所施其伎焉者,得此道也,此又《大学》所谓"知至而后意诚"者矣。且格致之事,以道眼观一切物,物物平等,本无大小久暂贵贱善恶之殊。庄生知之,故曰道在屎溺,每况愈下。王氏窗前格竹,七日病生之事,若与西洋植物家言之,当不知几许轩渠,几人齿冷。且何必西士,即如其言,则《豳诗》之所歌,《禹贡》之所载,何一不足令此子病生。而圣人创物成能之意,明民前用之机,皆将由此熄矣。率天下而祸实学者,岂非王氏之言欤?

且客过矣。西学格致,非迂涂也,一言救亡,则将舍是而不可。今设有人于此,自其有生以来,未尝出户,但能读《三坟》《五典》《八索》《九邱》,而于门以外之人情物理,一无所知。凡舟车之运转流行,道里之险易涩滑，岩墙之必压，坎陷之至凶，摘埴索涂，都忘趋避，甚且不知虎狼之可以食人，鸩毒之可以致死。一旦为事势所逼，置此子于肩摩毂击之场，山巅水涯之际，所不残毁僵仆者，其与几何？知此，则知中国由今之道，无变今之俗，欲求不亡之必无幸矣。盖欲救中国之亡，则虽尧、舜、周、孔生今，舍班孟坚所谓通知外国事者，其道莫由。而欲通知外国事，则舍西学洋文不可，舍格致亦不可。盖非西学洋文，则无以为耳目，而舍格致之事，将仅得其皮毛，智井罄人，其无救于亡也审矣。且天下惟能者可以傲人之不能，惟知者可以傲人之不知；而中土士大夫，怙私恃气，乃转以不能不知傲人之能与知。彼乘骐骥，我独骑驴；彼驾飞舟，我偏结筏，意若谓彼以富强，吾有仁义。而回顾一国之内，则人怀穿窬之行，而不自知羞；民转沟壑之中，而不自知救。指其行事，诚皆不仁不义之尤。以此傲人，羞恶安在！至一旦外患相乘，又茫然无以应付，狂悖违反，召败薪亡。孟子曰："不仁而可与言，则何亡国败家之有？"夫非今日之谓耶！

　　且客谓西学为迂涂，则所谓速化之术者，又安在耶？得毋非练军实之谓耶？裕财赋之谓耶？制船炮开矿产之谓耶？讲通商务树畜之谓耶？开民智正人心之谓耶？而之数事者，一涉其流，则又非西学格致皆不可。今以层累阶级之不可紊也，其深且远者，吾不得与客详之矣。今姑即其最易明之练兵一端言之可乎？今夫中国，非无兵也，患在无将帅。中国将帅皆奴才也，患在不学而无术。若夫爱士之仁，报国之勇，虽非自弃流品之外者之所能，然尚可望由于生质之美而得之。至于阳开阴闭，变动鬼神，所谓为将之略者，则非有事于学焉必不可。即如行军必先知地，知地必资图绘，图绘必审测量，如是，则所谓三角、几何、推步诸学，不从事焉不可矣。火器致人，十里而外。为时一分，一机炮可发数百弹，此断非徒裎奋呼、迎头痛击者所能决死而幸胜也。于是则必讲台垒壕堑之事，其中相地设险，遮扼钩联，又必非不知地不知商功者所得与也。且为将不知天时之大律，则暑寒风雨，将皆足以破军；未闻遵生之要言，则疾疫伤亡，将皆足以损众。二者皆与扎营踞地息息相关者也。乃至不知曲线力学之理，则无以尽炮准来复之用；不知化学涨率之理，则无由审火棉火药之宜；不讲载力、重学，又乌识桥梁营造？不讲光、电、气、水，又何能为伏桩旱雷与通语探敌诸事也哉？抑更有进者，西洋凡为将帅之人，必通敌国之语言文字，苟非如此，任必不胜。此若与吾党言之，愈将发狂不信者矣。若夫

中国统领伎俩，吾亦知之：不知道里而迷惑，则传问驿站之马夫；欲探敌人之去来，则暂雇本地之无赖。尤可笑者，前某军至大同，无船可渡，争传州县办差；近某军扎新河，海啸忽来，淹死兵丁数百。是于行军相地，全所不知。夫用如是之将领，使之率兵向敌，吾国不亡，亦云幸矣！尚何必以和为辱也哉？且夫兵之强弱，顾实事何如耳，又何必如某总兵所称，铜头铁额如蚩尤，驱使虎豹如巨无霸。中国史传之不足信久矣，演义流布，尤为惑世诬民。中国武夫识字，所恃为韬略者，不逾此种。无怪今日营中，多延奇门遁甲之家，冀实事不能，或仰此道制胜。中国人民智慧，蒙蔽弇陋，至于此极，虽圣人生今，殆亦无能为力也。哀哉！

议者又谓：自海上军兴以来，二十余年，师法西人，不遗余力者，号以北洋为最，而临事乃无所表见如此，然则曷贵师资？此又耳食之徒，不考实事之过也。自明眼人观之，则北洋实无一事焉师行西法。其详不可得言，姑举一端为喻。曩者法、越之事，北洋延募德酋数十人，洎条约既成，无所用之，乃分遣各营，以为教习。彼见吾军事多不可者，时请更张。各统领恶其害己也，群然噪而逐之。上游筹所以慰安此数十人者，于是乎有武备学堂之设。既设之后，虽学生年有出入，尚未闻培成何才，更不闻如何器使，此则北洋练兵练将，不用西法之明征。夫盗西法之虚声，而沿中土之实弊，此行百里者所以半九十里也。呜呼！其亦可悲也已！然此不具论。论者见今日练兵，非实由西学之必不可耳。至于阜民富国之图，则中国之治财赋者，因于西洋最要之理财一学，从未问津，致一是云为，自亏自损，病民害国，暗不自知。其士大夫亦因于此理不明，故出死力与铁路机器为难，自遏利源，如近日京师李福明一案，尤足令人流涕太息者也。不知是二事者，乃中土真不容缓之图，富强所基，何言有损？果其有损，则东西二洋其贫弱而亡久矣。《淮南子》曰："栉者堕发而栉不止者，为堕者少而利者多也。"彼惟有见于近而无见于远，有察于寡而无察于多，肉食者鄙，端推此辈。中国地大民众，谁曰不然，然地大在外国乃所以强，在中国正所以弱；民众在外国乃所以富，在中国正所以贫。救之道，非造铁道用机器不为功；而造铁道用机器，又非明西学格致必不可。是则一言富国阜民，则先后始终之间，必皆有事于西学，然则其事又曷可须臾缓哉！

约而论之，西洋今日，业无论兵、农、工、商，治无论家、国、天下，蔑一事焉不资于学。锡彭塞《劝学篇》尝言之矣。继今以往，将皆视物理之明昧，为人事之废兴。各国皆知此理，故民不读书，罪其父母。日本年来立格致学校数千所，以教其民，而中国忍此终古，二十年以往，民之愚智，益复相悬，以与逐利争存，必无幸矣。《记》曰："学然后知不足。"公等从事西学之后，平心察理，然后知中国从来政教之少是而多非。即吾圣人之精意微言，亦必既通西学之后，以归求反观，而后有以窥其精微，而服其为不可易也。夫中国以学为明善复初，而西人以学为修身事帝，意本同也。惟西人谓修身事帝，必以安生利用为基，故凡遇中土旱干水溢，饥馑流亡，在吾人以为天灾流行，何关人事，而自彼而论，则事事皆我人谋之不臧，甚且为吾罪之当伐，而吾民之可吊，而我尚傲然弗屑也，可不谓大哀也哉！

嗟嗟！处今日而言救亡，非圣祖复生，莫能克矣。圣祖当本朝全盛之日，贤将相比肩于朝，则垂拱无为，收视穆清，宜莫圣祖若矣！而乃勤苦有用之学，察究外国之事，亘古莫如。其所学之拉体诺，即今之拉丁文，西学文字之祖也。至如天算、兵法、医药、动植诸学，无不讲，亦蔑不精。庙谟所垂，群下莫出其右，南斋侍从之班，以洋人而被侍郎卿衔者，不知凡几，凡此皆以备圣人顾问者也。夫如是，则圣者日圣，其于奠隆基致太平也何难。不独制艺八股之无用，圣祖早已知之，即如从祀文庙一端，汉人所视为绝大政本者，圣祖且以为无关治体，故不许满人得鼎甲，亦不许满人从祀孔子庙廷，其用意可谓远矣。而其所以不废犹行者，知汉人民智之卑，革之不易，特聊顺其欲而已。然则圣祖之精神默运，直至二百年而遥。而有道曾孙，处今日世变方殷，不追祖宗之活精神，而守祖宗之死法制，不知不法祖宗，正所以深法祖宗。致文具空存，邦基陧阢，甚或庙社以屋，种类以亡，孝子慈孙，岂愿见此？曩已丑、庚寅之间，祈年殿与太和门，数月连毁。一所以事天，一所以临民，王者之大事也！灾异至此，可为寒心，然安知非祖宗在天灵爽，默示深痌也哉！总之，驱夷之论，既为天之所废而不可行，则不容不通知外国事。欲通知外国事，自不容不以西学为要图。此理不明，丧心而已。救亡之道在此，自强之谋亦在此。早一日变计，早一日转机，若尚因循，行将无及。彼日本非不深恶西洋也，而于西学，则痛心疾首、卧薪尝胆求之。知非此不独无以制人，且将无以存国也。而中国以恶其人，遂以并废其学，都不问利害是非，此何殊见仇人操刀，遂戒家人勿持寸铁；见仇家积粟，遂禁子弟不复力田。呜呼，其惧甚矣。

虽然，吾与客皆过矣。运会所趋，岂斯人所能为力。天下大势，既已日趋混同，中国民生，既已日形狭隘，而此日之人心世道，真成否极之秋，则穷变通久之图，天已谆谆然命之矣。继自今，中法之必变，变之而必强，昭昭更无疑义，此可知者也。至变于谁氏之手，强为何种之邦，或成五裂四分，抑或业归一姓，此不可知者也。吾与客茫茫大海，飘飘两萍，委心任运可耳，又何必容心于鼠肝虫臂，而为不祥之金也哉！客言下大悟，奋袖低昂而去。

建言有之：天不变，地不变，道亦不变。此观化不审似是实非之言也。夫始于涅菩，今成隋轨；天枢渐徙，斗分岁增；今日逊古日之热，古暑较今暑为短，天果不变乎？炎洲群岛，乃古大洲沉没之山尖；萨哈喇广漠，乃古大海浮露之新地；江河外啮，火山内啮，百年之间，陵谷已易；眼前指点，则勃澥旧界，乃在丁沽，地果不变乎？然则，天变地变，所不变者，独道而已。虽然，道固有其不变者，又非俗儒之所谓道也。请言不变之道：有实而无夫处者宇，有长而无本剽者宙；三角所区，必齐两矩；五点布位，定一割锥，此自无始来不变者也。两间内质，无有成亏；六合中力，不经增减，此自造物来不变者也。能自存者资长养于外物，能遗种者必爱护其所生；必为我自由，而后有以厚生进化；必兼爱克己，而后有所和群利安，此自有生物生人来不变者也。此所以为不变之道也。若夫君臣之相治，刑礼之为防，政俗之所成，文字之所教，吾儒所号为治道人道，尊天柱而立地维者，皆譬诸夏葛冬裘，因时为制，目为不变，去道远矣！第变者甚渐极微，固习拘虚，未由得觉，遂忘其变，信为恒然。更不能与时推移，进而弥上，甚且生今反古，则古昔而称先王，有若古之治断非后世之治所可及者，而不知其非事实也。

中国秦火一事，乃千古诱过渊丛。凡事不分明，或今世学问为古所无，尊古者必以秦火为解；或古圣贤智所不逮，言行过差，亦必力为斡旋，代为出脱。如阮文达知地圆之说必不可易，则取"旁陀四隤"一语，谓曾子已所前知；又知地旋之理无可复疑，乃断《灵宪》地动仪，谓张平子已明天静。此虽皆善附会，而无如天下之目不可掩也。至于孔子，则生知将圣，尤当无所不窥。于是武断支离，牵合虚造，诬古人而厚自欺，大为学问之蓓障。且忧海水之涸，而以泪溢之，于孔子亦何所益耶！往尝谓历家以太阳行度盈缩不均，于是于真日之外，更设平日，以定平暑，畴人便之。儒者亦然，故今人意中之孔子，乃假设之平圣人，而非当时之真孔子。世有好学深思之士，于吾言当相视而笑也。

夫稽古之事，固自不可为非。然察往事而以知来者，如孟子求故之说可也。必谓事事必古之从，又常以不及古为恨，则谬矣！间尝与友论中国尚古贱今之可异，友曰："古人如我辈父兄，君家如有父兄，事事自必谘而后行，尚古之意，正亦如是。"仆曰："足下所以事事必谘而后行者，岂非以其见闻较广，更事较多故耶？"友曰："诚然。"仆大笑曰："据君之理，行君之事，正所谓颠倒错乱者耳。夫五千年世界，周、秦人所阅历者二千余年，而我与若皆倍之。以我辈阅历之深，乃事事稽诸古人之浅，非所谓适得其反者耶！世变日亟，一事之来，不特为祖宗所不及知，且为圣智所不及料，而君不自运其心思耳目，以为当境之应付，圆枘方凿，鲜不败者矣！"友愕眙失气，然叹仆之说精确无以易也。

晚近更有一种自居名流，于西洋格致诸学，仅得诸耳剽之余，于其实际，从未讨论。意欲扬己抑人，夸张博雅，则于古书中猎取近似陈言，谓西学皆中土所已有，羌无新奇。如星气始于臾区，勾股始于隶首；浑天昉于玑衡，机器创于班墨；方诸阳燧，格物所宗；烁金腐水，化学所自；重学则以均发均悬为滥觞，光学则以临镜成影为嚆矢；蜕水蜕气，气学出于亢仓；击石生光，电学原于关尹。哆哆硕言，殆难缕述。此其所指之有合有不合，姑勿深论。第即使其说诚然，而举刬木以傲龙骧，指椎轮以訾大辂，亦何足以助人张目，所谓诟弥甚耳！夫西学亦人事耳，非鬼神之事也。既为人事，则无论智愚之民，其日用常行，皆有以暗合道妙；其仰观俯察，亦皆宜略见端倪。第不知即物穷理，则由之而不知其道；不求至乎其极，则知矣而不得其通。语焉不详，择焉不精，散见错出，皆非成体之学而已矣。今夫学之为言，探赜索隐，合异离同，道通为一之事也。是故西人举一端而号之曰"学"者，至不苟之事也。必其部居群分，层累枝叶；确乎可证，涣然大同，无一语游移，无一事违反；藏之于心则成理，施之于事则为术。首尾赅备，因应厘然，夫而后得谓之为"学"。

是故西学之与西教，二者判然绝不相合。"教"者所以事天神，致民以不可知者也。致民以不可知，故无是非之可争，亦无异同之足验，信斯奉之而已矣。"学"者所以务民义，明民以所可知者也；明民以所可知，故求之吾心而有是非，考之外物而有离合，无所苟焉而已矣。教崇学卑，教幽学显；崇幽以存神，卑显以适道，盖若是其不可同也。世人等之，不亦远乎！是故取西学之规矩法戒，以绳吾学，则凡中国之所有，举不得以

学名。吾所有者，以彼法观之，特阅历知解积而存焉，如散钱，如委积。此非仅形名象数已也，即所谓道德、政治、礼乐，吾人所举为大道，而诮西人为无所知者，质而言乎，亦仅如是而已矣。若徒取散见错出，引而未申者言之，则埃及、印度，降以至于墨、非二洲之民，皆能称举一二所闻，以与格致家争前识，岂待进化若中国而后能哉！

虽然，中土创物之圣，固亦有足令西人倾服者。远之蚕桑司南，近之若书槧火药，利民前用，不可究言。然祖父之愚，固无害子孙之智，即古人之圣，亦何补吾党之狂。争此区区，皆非务实益而求自立者也。尤可笑者，近有人略识洋务，著论西学，其言曰："欲制胜于人，必先知其成法，而后能变通克敌。彼萃数十国人才，穷数百年智力，掷亿万资财，而后得之，勒为成书，公诸人而不私诸己，广其学而不秘其传者，何也？彼实窃我中国古圣之绪余，精益求精，以还中国，虽欲私焉，而天有所不许也。"有此种令人呕哕议论，足见中国民智之卑。今固不暇与明学为天下公理公器，亦不暇与讲物理之无穷，更不得与言胞与之实行，教学之相资；但告以西洋人所与共其学而未尝秘者，固不徒高颧斜目、浅鼻厚唇之华种，即亚非利加之黑人，阿斯吉摩之赤狄，苟欲求知，未尝陋也。岂二种圣人亦有何物为其所窃？不然，何倾吐若斯也！更有进者，前几尼亚人，往往被掠为奴，英人恻然悯之，为费五千万镑之资，遣船调兵，禁绝此事，黑人且未即见德，故固深以为仇。此种举动，岂英之前人曾受黑番何项德泽，不然，何被发缨冠如此耶？此更难向吾党中索解人矣！

昨者，有友相遇，慨然曰："华风之敝，八字尽之；始于作伪，终于无耻。"呜呼！岂不信哉！岂不信哉！今者，吾欲与之为微词，则恐不足发聋而振聩；吾欲大声疾呼，又恐骇俗而惊人。虽然，时局到今，吾宁负发狂之名，决不能喔咿嚅呢，更蹈作伪无耻之故辙。今日请明目张胆为诸公一言道破可乎？四千年文物，九万里中原，所以至于斯极者，其教化学术非也。不徒嬴政、李斯千秋祸首，若充类至义言之，则六经五子亦皆责有难辞。嬴、李以小人而陵轹苍生，六经五子以君子而束缚天下后世，其用意虽有公私之分，而崇尚我法，劫持天下，使天下必从己而无或敢为异同者则均也。因其劫持，遂生作伪；以其作伪，而是非淆、廉耻丧，天下之敝乃至不可复振也。此其受病至深，决非一二补偏救弊之为，如讲武、理财所能有济。盖亦反其本而图其渐而已矣！否则，智卑德漓，奸缘政兴，虽日举百废无益也。此吾《决论》三篇所以力主西学而未尝他及之旨

142

也。善夫西人之言曰："中国自命有化之国也，奈何肉刑既除，宫闱犹用阉寺；束天下女子之足，以之遏淫禁奸；谳狱无术，不由公听，专事毒刑榜笞。三者之俗，蛮猓不如，仁义非中国有也。"呜呼！其言虽逆，吾愿普天下有心人平气深思，察其当否而已。至凡所云云，近则三十年，远则六十年，自有定论，今可不必以口舌争也。

严复

译《天演论》自序

英国名学家穆勒约翰有言："欲考一国之文字语言，而能见其理极，非谙晓数国之言语文字者不能也。"斯言也，吾始疑之，乃今深喻笃信，而叹其说之无以易也。岂徒言语文字之散者而已！即至大义微言，古之人殚毕生之精力，以从事于一学，当其有得，藏之一心则为理，动之口舌、著之简策则为词，固皆有其所以得此理之由，亦有其所以载焉以传之故。呜呼，岂偶然哉！自后人读古人之书而未尝为古人之学，则于古人所得以为理者，已有切肤精怃之异矣。又况历时久远，简牍沿讹。声音代变，则通假难明；风俗殊尚，则事意参差。夫如是，则虽有故训疏义之勤，而于古人诏示来学之旨愈益晦矣。故曰读古书难。虽然，彼所以托焉而传之理，固自若也。使其理诚精，其事诚信，则年代国俗无以隔之。是故不传于兹，或见于彼，事不相谋而各有合。考道之士，以其所得于彼者，反以证诸吾古人之所传，乃澄湛精莹，如寐初觉。其亲切有味，较之占毕为学者万万有加焉。此真治异国语言文字者之至乐也。

今夫《六艺》之于中国也，所谓日月经天、江河行地者尔；而仲尼之于《六艺》也，《易》《春秋》最严。司马迁曰："《易》本隐而之显，《春秋》推见至隐。此天下至精之言也。"始吾以谓本隐之显者，观象系辞以定吉凶而已，推见至隐者，诛意褒贬而已。及观西人名学，则见其于格物致知之事，有内籀之术焉，有外籀之术焉。内籀云者，察其曲而知其全者也，执其微以会其通者也；外籀云者，据公理以断众事者也，设定数以逆

未然者也。乃推卷起曰：有是哉！是固吾《易》《春秋》之学也！迁所谓本隐之显者，外籀也；所谓推见至隐者，内籀也；其言若诏之矣。二者即物穷理之最要涂术也。而后人不知广而用之者，未尝事其事，则亦未尝咨其术而已矣。

近二百年欧洲学术之盛，远迈古初，其所得以为名理公例者，在在见极，不可复摇。顾吾古人之所得，往往先之。此非附会扬己之言也。吾将试举其灼然不诬者以质天下。夫西学之最为切实而执其例可以御蕃变者，名、数、质、力四者之学是已。而吾《易》则名数以为经，质力以为纬，而合而名之曰《易》。大宇之内，质力相推，非质无以见力，非力无以呈质。凡力皆乾也，凡质皆坤也。奈端动之例三，其一曰："静者不自动，动者不自止，动路必直，速率必均。"此所谓旷古之虑，自其例出而后天学明、人事利者也。而《易》则曰："乾，其静也专，其动也直。"后二百年，有斯宾塞尔者，以天演自然言化，著书造论，贯天地人而一理之，此亦晚近之绝作也。其为天演界说曰："翕以合质，辟以出力，始简易而终杂糅。"而《易》则曰："坤，其静也翕，其动也辟。"至于全力不增减之说，则有自强不息为之先；凡动必复之说，则有消息之义居其始；而"易不可见，乾坤或几乎息"之旨，尤与"热力平均天地乃毁"之言相发明也。此岂可悉谓之偶合也耶。虽然，由斯之说，必谓彼之所明，皆吾中土所前有，甚者或谓其学皆得于东来，则又不关事实，适用自蔽之说也。夫古人发其端，而后人莫能竟其绪；古人拟其大，而后人未能议其精，则犹之不学无术未化之民而已。祖父虽圣，何救子孙之童昏也哉。

大抵古书难读，中国为尤。二千年来，士徇利禄，守阙残，无独辟之虑。是以生今日者，乃转于西学得识古之用焉。此可与知者道、难与不知者言也。风气渐通，士知拿陋为耻。西学之事，问涂日多。然亦有一二巨子訑然谓彼之所精，不外象数形下之末，彼之所务，不越功利之间。逞臆为谈，不咨其实。讨论国闻审敌自镜之道，又断断乎不如是也。赫胥黎氏此书之旨，本以救斯宾塞尔"任天为治"之末流，其中所论，与吾古人有甚合者。且于自强保种之事，反复三致意焉。夏日如年，聊为移译。有以多符空言无裨实政相稽者，则固不佞所不恤也。光绪丙申重九严复序。

孟德斯鸠列传

孟德斯鸠，法国南部几奄郡人也，姓斯恭达，名察理。世为右族，家承两邑之封，凡二百余年，曰布来德，曰孟德斯鸠。世即以其一封称之，曰孟德斯鸠男爵云。生一千六百八十九年，当名王路易第十四之世。当是时，法战胜攻取，声明文物冠诸欧，然值政教学术，乐新厌古，人心物论穷极将变时。于是论治道者，英有郝伯思洛克，义有墨迦伏勒，而法有孟德斯鸠。则导福禄特尔、卢梭辈先路者也。

家于西土仅中资，以善治生，未尝窭乏。地望势力，高不足以长骄，卑常足以自厉，然约情束欲，安命观化，幼而好学，至老弗衰。尝语人曰："吾读书可用蠲忿释悁，虽值拂逆，得开卷时许，如回温泉以销冰雪，扇清风而解热烦也。"其姿之近道如此。年二十五，入博尔都郡议院为议员。法旧制诸郡议院，法家所聚，民有讼狱，则公亭之。先是其季父入资，为其院主席，父子冠假髳，衣黑衣，时以为宠。逾二载而季父捐馆舍，遗令以其位传犹子孟德斯鸠。俸优政简，时事国论，多所与闻。然而非其好也。视事十稔，年几四九，又以其位让人，退归林墅。盖自兹以往，至于没齿，都三十年，舍探讨著述之事，无以劳其神虑。而舍历史政治，又无以为其探讨著述。若孟德斯鸠者，殆天生以为思想学问者欤！

其著书甚蚤，年方廿龄，有《神学论》。又尝考罗马宗教所与治术关系者。然不甚求知于人，世亦不知重也。年三十二，成《波斯文录》。借彼土之文词，讽本邦之政教。移情刻目，通国为欢，而教会深衔之。方其罢博尔都议院主席也，适巴黎国学有博士阙待补，孟德斯鸠甚欲得之。而翊教伏烈理使谓其长曰："《波斯文录》于国教多微辞，令国学顾容纳其作者，王将谓何？"其长惧而不敢。孟德斯鸠乃以书抵之曰："足下辱我已甚。吾计惟出奔他国，庶几栖息余生，自食其力。所不能得诸同种者，犹

严复

冀遇诸他人耳。"伏烈理不得已罢攻，而孟德斯鸠补博士。已而游奥之维也纳，更匈牙利，尽交其贤豪。逾岭度威匿思，入罗马，谒教王。教王礼遇有加，不以《文录》为意。北旋登瑞士诸山，溯来因之水，北出荷兰，渡海抵大不列颠。居伦敦者且二稔。于英之法度尤加意，慨然曰："惟英之民，可谓自繇矣。"入其格致王会，被举为会员。最后乃归去，徜徉布来德、巴黎间。一千七百三十四年，成《罗马衰盛原因论》。论者称其裁勘精究，断论切当，于古得未尝有者。顾所发愤，乃在《法意》一书。当此时，属稿者已六七年矣，前论特其嚆矢而已。精锐缏修，穷昼夜矻矻，凡十有四年，而《法意》行于世。遐搜远引，钩湛瞩幽。凡古今人事得失之林，经纬百为，始终条理。于五洲礼俗政教，莫不籀其前因，指其后果。既脱稿，先以示同时名硕海罗怀纣。海罗怀纣叹曰：作者宇宙大名，从此立矣。

印板既布，各国迻翻，一载间板重者二十二次。风声所树，暨可知矣。福禄特尔尝称曰：人类身券，失之久矣，得此而后光复。拿破仑于兵间携书八种自随，而《法意》为之一。后为其国更张法典，勒成专编。近世法家，仰为绝作，而《法意》则其星宿海也。年六十有六，卒于家。方其弥留也，以宗教有忏悔之礼，神甫辈以孟生平于其法多所诽毁，颇欲闻其临终悔罪之言。然卒不可得。但叩之曰："孟德斯鸠，若知帝力之大乎？"对曰："唯。其为大也，如吾力之为微。"

译史氏曰：吾读《法意》，见孟德斯鸠粗分政制，大抵为三：曰民主，曰君主，曰专制。其说盖原于雅理斯多德。吾土缙绅之士，以为异闻，虑叛古不欲道。虽然，司马迁《夏本纪》言伊尹从汤言九主之事，注家引刘向别录。言九主者，有法君、专君、授君、劳君、等君、寄君、破君、国君、三岁社君，凡九品，是何别异之众耶？向称博极群书，其言不宜无本。而三制九主，若显然可比附者。然则孟之说非创闻也，特古有之，而后失其传云尔。

严复

斯密亚丹传

斯密亚丹者，斯密其氏，亚丹其名，苏格兰之噶谷邸人也。父业律师，为其地监榷，死逾月而亚丹生。母守志不再醮，抚遗腹甚有慈恩，卒享大年，亲见其子成大名。而亚丹亦孝爱，终其身不娶妇，门以内，雍雍如也。

亚丹生而羸弱。甫三岁，游外家，为埃及流丐所掳。寻而复归，入里小塾学书计。十四进格拉斯高乡学。十八而为巴列窝选生，资以廪饩，入英之鄂斯福国学。当十七期中叶，英国国论最淆，教宗演事上无犯之旨。凡后此所严为立政宪法者，皆以谓叛上亵天之邪说而斥之。韩诺华氏新入英为王，英前王雅各党人，潜聚其中，阴谋所以反政者。以故国学师资寙怠，章则放纷。斯密游于其间，独亹亹矻矻，沈酣典籍。居之六年，而学术之基以立。既卒业，居额丁白拉，以辞令之学授徒，一时北部名流，多集馆下。于是而交休蒙大辟。休蒙大辟者，以哲学而兼史家，为三百年新学巨子。斯密与深相结，交久而情益亲。继而主格拉斯高名学讲习。其明年，改主德行学，又时时以计学要义演说教人。盖斯密平生著作，传者仅十余种，《原富》最善，《德性论》次之，皆于此时肇其始矣。一千七百六十三年，有公爵拔古鲁者，挟斯密以游欧洲，居法国者三十阅月。法人为自然学会，会中人皆名宿，而休蒙适副英使居巴黎，则介斯密游其曹偶。遂与拓尔古格斯尼、摩礼利辈皆莫逆为挚交，而斯密之见闻乃益进。

当是时，欧洲民生蕉然，大变将作。英国外则东失印度、西丧北美，内则财赋枵虚，政俗大坏。华盛顿起而与英争自立，两洲骚然。自由平等之义，所在大昌。民处困陑之中，求其故而不得，则相与归狱于古制。有识之徒于政治宗教，咸有论著。斯密生于此时，具深湛之思，值变化之会，故《原富》有作。虽曰其人赡知，抑亦时之所相也。归里杜门十年，而《原富》行于世。书出，各国传译，言计之家，偃尔宗之。而同时英宰

147

百弼德，于其学尤服膺，欲采其言，尽变英之财政。适与拿破仑相抗，兵连军兴，重未暇及也。然而弛爱尔兰入口之禁，与法人更定条约，平其酒榷，不相龃龉，则皆斯密氏之画云。夫兵者国之蟊贼，而变法与民更始，非四封无警，尤不行。北美自立，英国债之积已多，洎连普鲁士以抗拿破仑，海陆偬倥，斯英人无释负之一日矣。顾英国负虽重，而盖藏则丰。至今之日，其宜贫弱而反富强者，夫非捂锁廊门，任民自由之效欤！则甚矣，道之无负于人国也。

居久之，斯密为格拉斯高国学祭酒，年六十四矣。逾三年死，葬于额丁百拉刚囊门之某园。斯密于学无所不窥，少具大志，欲取经世之要而一理之，道远命促，仅竟其二。《德性论》言风俗之所以成，其与同时哲学家异者。诸家言群道起于自营，《德性论》谓起于人心之相感。性岂弟，人乐与亲。与人言论，不为发端，俟有所起而后应之。机牙周给，强记多闻，举座惊叹。燕居好深湛之思，当其独往，耳目殆废。家本中资，以学自饶。然勇于周恤，尽耗其产。死日独余楹书，以畀其外弟窦格拉斯云。

译史氏曰：德人最重汗德《心学》，见谓生民未有，必求其配，无已，其《原富》乎？夫二书辞旨，奥显绝殊，而德人称之顾若此。或曰：斯密之游法也，去革命之起无几时，然于事前未闻一论及之。此以云先几之识，殆未然欤？嗟夫！此以见斯密之不苟，而立言之有法也。夫妄忆一国之变，虽庸夫优为之，中以邀名，不中无谪。独至知言之士，一言之发，将使可复。彼宁默然者，知因缘至繁，无由施其内籀之术故也。不然，据既然之迹，推必至之势。理财禁民之际，一私之用，则祸害从之。执因而穷果，以斯密处此，犹畴人之于交食，良医之于死生，夫何难焉？虽然，吾读其言，见斯密自诡其言之见用也，则期诸乌托邦。其论四民之爱国也，则首农而黜商贾。顾死未三十年，大通商政，行之者不独一英国也。而死守稼律，联田主以旅距执政，乃农而非商也。事之未形，其变之不可知如此，虽在圣智，有时而荧。然则后之论世变者，可不谨其所发也哉！

吴芝瑛传

严复

夫人氏吴，名芝瑛，以字行，生四十有一年矣。以慈善爱国称中外女子间。父宝三，官山东州县数十年，有循绩，独生夫人，钟爱之。年十九，适江苏举人度支部郎中廉泉。称佳偶。生子一，女子子三。郎中凤敦风义，有干略。光绪甲辰，主事王某以党案牵连入刑部狱，郎中独力百方营救，卒令得脱，海内义之。仕不称意，一旦携妻子家海上。然伉俪交勉，为义益力。于国群公益，朋友患难，赴之若不及者。

光绪三十二年，夫人以庚子赔款为国大累，宜通国之民共起分任，则咄嗟可释巨负。乃倡女子国民捐，一时景从，召集甚巨。凤擅书法，为时所珍，则自制小万柳堂帖以售，得资悉充捐款。其忠于国家自奋其力如此。既父母相继亡，又无兄弟，家有遗产，将万金。夫人以谓国弱种困，坐失教无学，且立学固先人意也，则以此于其乡创办小学堂，名以父字曰鞠隐。其能述先事为善知本如此。杭州有女子赵麟者，父死长庐墓旁不嫁，而惸惸无依，饘食且不继。夫人与邂逅，乃大感动，为出资葺其先墓，手草募启，为孝女募金买田，资衣食，得二千金焉。其至性过人锡类无穷如此。

光绪三十三年六月，皖有妄男子徐锡麟，怀火器，乘间窃发，击杀巡抚恩中丞。徐素革命邪说，而浙人也。由是浙中官吏大恐，上下求索，得山阴女子秋瑾，用绅士言，谓其力足为乱，展转周内杀之。既杀，其家族惧连坐，主弃柩中野，莫敢营葬。遗骸漂泊，行路兴哀。夫人素识秋瑾，伤其暴露，则以谓掩骼埋胔，经典攸垂，藉第令死者素行不轨，杀之无冤，然其尸柩如此，此诚同类所宜动心者。且朝廷律令，固无不许掩瘗罪骸明文。三十三年十二月，乃与石门徐女士寄尘，购隙地西泠桥畔葬焉。其隐刑愍辜，不欺其意又如此。夫使为义而无所牺牲，不历险难，而令名可以坐享，则其事无待于贤者。此吾于廉夫人之事，所为重有感也！光绪

三十四年九月，果有御史常徽，奏请平秋瑾之墓，并将吴芝瑛、徐寄尘等，严拿惩办。廷旨交浙抚察看办理。于是一时群议，大为不平，中外报章多为论说。而江苏绅士尤愤激，争署名上书江督端制军、苏抚陈中丞，争其事，为辨诬。当此之时，夫人方病咯血，卧上海德国医院中为治疗。闻此，乃遽归其家曰："吾不愿更居洋场医院间，若托异族保护然，以为不知者诉议也。"其始终为遵守法律国民，临难不幸苟免又如此。北京公理教会协和女书院院长，美国麦美德女士，与夫人当庚子义和拳之变，为患难交，素稔夫人行谊，则大敬爱之。闻其事，意夫人素刚皭然，必不肯往对簿，恐事急，万一前死，焦然大戚，驰书谆诚夫人勿为谅，且以国家大义责之，其语绝痛。又自任凡可免夫人于厄者，愿尽力无不为。则先于西报述夫人事迹梗概，欲使中外咸知其详，且将有所合力。已而事稍稍解。麦女士寓书廉郎中，曰："宜使侯官严复为之传。"故传之如右方。

论曰：吾国禁女子干外事者四千余年。干外事者，微论恶也，即善有不可。世变大异，至今思想议论，乃略殊前。顾女子行事，稍稍露锋颖。循常之徒，辄相视大诧，甚者以为宜诛。嗟夫！使吾国礼俗，长此终古，则亦已耳。必以进步为期，凡此皆所必至应有者也，又何讶乎？廉夫人者，吾先友挚甫先生犹子，平生多闻长者精至独往之言，故能不循作自树立如此。呜呼！男子可以兴矣。

诗　词

严复

社　燕

一夕西风动玉钩，画梁如听语啁啾。似言华屋原堪恋，无那高巢易得秋。来日园林还昔主，归时沧海见横流。寻常百姓家家是，王谢堂前认得不？

送陈彤卣归闽

四十不官拥皋比，男儿怀抱谁人知？药草聊同伯休卖，款段欲陪少游骑。君来渤海从去春，黄尘埃壒愁杀人。末流岂肯重儒术，可怜论语供烧薪！嵚奇历落不称意，高阳酒徒兀然醉。长驱八尺两颐丰，高谈慷慨忧时泪。平生贱子徒坚顽，穷途谁复垂温颜？当年识习旁行书，举世相视如髦蛮。问君秋水剪双眸，何独异我稠人稠？无双岂独楚王信，千秋无复文信侯。君今长揖告我行，南风欲挂孤帆轻。闽之东门温泉温自清，荔阴如见挥巨觥。

151

戊戌八月感事

求治翻为罪，明时误爱才。伏尸名士贱，称疾诏书哀。燕市天如晦，宣南雨又来。临河鸣犊叹，莫遣寸心灰。

哭林晚翠

相见及长别，都来几昼昏。池荷清迨暑，丛桂招远魂。余以戊戌六月晤晚翠而晚翠以八月遇难。投分欣倾盖，湛冤痛覆盆。不成扶奡弱，直是构恩怨。忆昨皇临极，殷忧国命屯。侧身求辅弼，痛哭为黎元。大业方鸿造，奇才各骏奔。明堂收杞梓，列辟贡玙璠。岂谓资群策，翻成罪莠言！衅诚基近习，祸已及亲尊。惝恍移宫狱，呜呼养士恩。人情方禽觜，天意与偏反。夫子南州彦，当时士论存。一枝翘国秀，三峡倒词源。荐剡能为鹗，雄图欲化鲲。杨谭同御席，江郑尽华轩。卿月辉东壁，郎星列井垣。英奇相撑柱，契合互攀援。重译风皆耸，中兴势已吞。忽惊啼晚鸩，容易刈芳荪。古有身临穴，今无市举幡。血应漂地轴，精定叫天阍。犹有深闺妇，来从积德门。抚弦哀寡鹄，分镜泣孤鸳。加剑思牵犬，争权遇偾豚。空闻矜庶狱，不得见传爰。投畀宁无日，群昏自不论。浮休齐得丧。忧患塞乾坤。上帝高难问，中情久弗谖。诗篇同乘杌，异代得根原。莫更秦头责，休将朕舌扪。横流看处处，只合老邱樊。

严复

送郑太夷南下

　　西市多新鬼，南天少故人。与君同应诏，此别太惊神。国论浮云变，封疆割肉匀。宁关儿女意，歧路泪沾巾。
　　九月行看尽，长途应苦寒。回风悲落日，游子感衣单。长策虚三练，_{君有练官练兵练圣躬之疏。}殊恩剩一官。还将千种意，收拾卧江干。

送沈涛园备兵淮扬四首

　　忠孝名家沈隐侯，分巡弭节向扬州。楩书庭训皆成宪，锦缆牙旗得上游。一约共传支半壁，_{庚子东南互保之约，君实发其议。}三年行见少全牛。未能出饯成邂逅，惟有离情逐水流。
　　去年六月船南下，直北关山未解围。沧海狂流横莽莽，晨光前路远微微。相看白发盈头出，长恐青山与愿违。垂涕为君通一语，华亭千载鹤孤飞。
　　尚忆垂髫十五时，一篇大孝论能奇。_{同治丙寅，侯官文肃公开船厂，招子弟肄业，试题"大孝终身慕父母"，不肖适丁外艰，成论数百言以进，公见之，置冠其曹。}谁言后死无穷感，惭负先生远到期。得志当为天下雨，流年已似手中蓍。春申浦口春无际，独对繁花有所思。
　　读君诗卷长三叹，他日遗山此代兴。开路骅骝气深稳，倚天冰雪势凌兢。未应处陆长哃湿，尽许同时得服膺。不废教条仍坐啸，悬知独有使君能。

153

近代名人文库精粹

赠熊季廉

一十九稘初告终，抟抟员地趋大同。神机捭阖纵变化，争存物竞谁相雄？大哉培根氏告我，即物观道冥纤洪。至人先天戒凝滞，高下体合如张弓。从其后鞭向仁寿，岂假食苦师蓼虫。三皇五帝各垂法，所当时可皆为功。蛩蛩之氓俾自治，奚翅洲渚浮艨艟。及其已过尚墨守，无益转使百弊丛。矧今天意存混合，殊俗异种终棣通。是时开关用古始，何异毛氉当炉烘。履而后艰常智耳，如惩弗惎宁非懵。四百兆民皆异种，卒使奴隶嗟神恫！所以百千万志士，争持建鼓挝顽聋。贤愚度量几相越，听者一一褎耳充。胶胶扰扰何时已，新旧两党方相攻。去年北方致大祸，至今万乘犹尘蒙。亦知天心未厌乱，南奔避地甘长终。岂意逃空得謦欬，知交乃遇四五公。就中爱我最真挚，屈指先数南昌熊。心期浑欲忘彼此，圭角相遇加磨耆。人生行止不自诡，扁舟又欲随南风。临行执手无所赠，惟有真气如长虹。横流他日傥相遇，窃愿身道双加丰。

挽吴挚父京卿

仙舟几日去东瀛，梁木归来忽就倾。难遣此哀惟后死，忍将不哲累先生。人间鸡壅方为帝，海内雄文孰继声？地下倘逢曾太傅，定知老泪各纵横。

严复

甲辰出都呈同里诸公

中国山川分两戒,南岭奔腾趋左海。东行欲尽未尽时,盘薄嶙峋作奇怪。慢亭拔地九千尺,一朵芙蓉倚天碧。建溪流域播七府,未向邻封分一滴。江山如此人亦然,学步羞称时世贤。旧学沈沈抱根底,新知往往穷人天。共道文章世所惊,谁信闽人耻为名。入门见嫉古来有,黄钟瓦釜皆雷鸣。忆昔戊巳游京师,朝班邑子牛尾稀。即今多难需才杰,郭张陈沈皆奋飞。孤山处士音琅琅,皂袍演说常登堂。可怜一卷茶花女,断尽支那荡子肠!诸君且尽乘时乐,酒戋诗钟恣欢谑。君知国有鹤乘轩,何必神惊燕巢幕!乾坤整顿会有时,报国孤忠天鉴之。但恐河清不相待,法轮欲转嗟吾衰。自渐厚糈豢非才,手版抽将归去来。颇似庐岑结精舍,倘容桐濑登钓台。长向江湖狎鸥鸟,梦魂夜夜觚棱绕。岂独登临忆侍郎,还应见月思京兆。

人　才

人才鹦鹉能言日,世事螵蛸换壳时。如此风潮行未得,老夫掩泪看残棋。

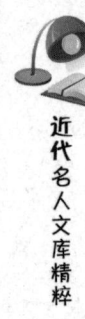

上海刘氏园见白莲孤开归而成咏

　　三伏炎蒸昼转雷，群伦炊甑向尘埃。一茎娟洁标高格，此是灵山会里来。
　　脱得污泥气益振，肌肤敢道许相亲。情知水珮风裳者，不是云窗雾阁身。
　　露筋祠外月初上，仙掌峰前风正清。欲采盈盈太孤绝，胸中长此玉峥嵘。
　　藐姑原只住瑶池，一见须教物不疵。惟有风流王介甫，超然将尔当西施。
　　南薰无地嫁娉婷，小筑盆池养夕馨。身怯九天风露冷，楼台倒影浸秋星。

赠高啸桐

　　连岁苦旱潦，今年灾害尤。扬子流域间，万众生鱼头。岂伊天运乖，人事诚未修。征税苦日重，逼榨糠中油。异教扬风波，镘币如星稠。边境更龃齬，权利相寇仇。庙堂富因应，为策恒苦偷。持此败劣者，底用当胜优。民献百千夫，请愿喧九州。皆言救亡计，非是国不瘳。但欲率众戚，筑室还道谋。嗟余与夫子，少日综九流。岂不爱国种，蕲解黄屋忧。虞渊回日驭，欲往无轻舟。党人喜謇步，远躐还见邮。闺中日邃远，灵琐难少留。徒然作两鸟，同捉一处囚。哀鸣相劳苦，旦夕声咿嚶。想像云门音，涕下不回收。

严复

漫题二十六岁时照影

镜里分明隔世身，相看四十过来春。风灯骨肉今余几，土梗形神定孰亲。已有人归留鹤语，更无松老长龙鳞。商岩发梦非今日，却办余年作子真。

九月十二日

重阳已过犹余热，预判霜风特地狂。官柳渐看生意尽，园花且趁晚晴香。月光黯黯闻遥笛，灯影晖晖落画床。怊怅凭阑看北极，句陈何处认寒芒。

十三夜月

霜月寒如此，江南想独看。无教作阴暄，双照泪汍澜。

送朝鲜通政大夫金沧江泽荣归国

避地金通政，能诗旧有声。湿灰悲故国，泛梗薄余生。笔削精灵会，_{君以修史为职。}文章性命轻。江南春水长，魂断庾兰成。

笔谈尽三纸，人意尚惓惓。天演叨余论，阳明孰敢任。愿持无厚刃，载抚不弦琴。_{以《原富》《名学浅说》二书为赠。}去去成连远，云涛识此心。_{君以阳明相方，故有上句。}

往者强邻斗，东风倒月支。自封原失计，中立坐成雌。瓶罄嗟罍耻，儿孤记母慈。风云原有待，天地本无私。

萍水论交地，艰难得此才。异同空李杜，词赋近邹枚。归国梅花笑，倾山瀑布来。_{君集中语。}中原自神圣，回首有余哀。

和寄朝鲜金泽荣

垒块都消酒戋中，存亡凡楚付玄同。难求系日绳千尺，且觅埋忧地一弓。世事了如春梦过，夜潮还与故乡通。新年归雁烦相语，涎水波寒莫更东。

要眇朱弦寂寞观，得诗何异锦千端。古源落木作秋雨，大海回飙生紫澜。犹有风流追正始，由来窈窕恶华丹。三闾泽畔真憔悴，未害能滋九畹兰。

浮云西北望神州，海水群飞迥作愁。他日南公能说楚，当年箕子未臣周。应怜巢燕看新主，忽见江梅忆故丘。莫更是非论马指，从今不系是虚舟。

严复

民国初建政府未立严子乃为此诗

灯影回疏棂，风声过檐隙。美人期不来，乌啼蜃窗白。

题胡梓方诗册并寄陈散原

此日耽吟咏，真成不世贤。眼看文坠地，犹说力回天。侧足吾焉托，孤芳汝自怜。寄声陈伯子，珍重为华颠。

写　怀

都来半世客幽燕，老眼今看海变田。失水蛟龙聊复尔，偷仓雀鼠故依然。岂能徐邈随通介，浪说王尊乍佞贤。阅尽白衣转苍狗，冰轮还作旧时圆。

癸丑上巳梁任公禊集万生园分韵流觞曲水四首

　　任公曩被放，星纪海外周。操简缀国论，木铎徇春遒。代谢始归国，翩若鹰下鞲。暮春值癸丑，遐想山阴游。西郊得名园，觞咏招胜流。梅发酒味洌，鸟和琴声柔。举杯酹西山，怃然怀灵修。黄竹去不返，愁云弥九州。惊魂瑶池宴，王母戴虎头。借问王右军，感慨犹此不？

　　短垣外缭绕，广袤十里强。网罗极飞走，动植各有疆。仲春遘时雨，蜀黍亦插秧。伟哉造化力，长养赅百昌。生理谅在兹，谁谓劣者亡？吾闻古禊事，所以祓不祥。微生逢揖让，岂复忧祸殃。门户化胶漆，荆棘成康庄。宇宙亦已广，形骸恣放浪。寄谢来游者，一举宜百觞。

　　录录复录录，岁月如转毂。忆昔遇君时，东海方挫衄。洋洋时务篇，何止阳春曲？意欲回百年，捧日扶桑浴。由来一傅齐，不救群咻蜀。椒兰各容长，屈景胥放逐。中宵看句陈，扰若风中纛。徒闻明妃遣，谁念蔡女赎。何期十六载，复此事湔祓。茫茫太液池，何处翻黄鹄。

　　典午逮永和，世事甚窳呰。北伐釁方新，重敛资奸宄。逸少居会稽，端为佳山水。今观所为序，用意极吊诡。俯仰皆兴怀，彭殇非一轨。区区为怀祖，誓墓岂即是。遗世方恝然，谓当以乐死。恭惟天生才，贤圣众所恃。怀宝谅非难，事国或尽瘁。夷叔安足稀，如尊乃勇耳。

160

严复

题侯疑始填词图册

　　天生人能群，语言资缱绻。心声精者传，韵语亦天演。君看五大洲，何国无歌谚？周诗三百篇，无邪圣所荐。楚辞逮唐音，中间凡几变。由来声利途，不中风人践。宋元乃词曲，以使民不倦。甲乙起旗亭，宫徵起衒院。浏亮苏辛能，婉娈周姜擅。降斯五百年，往往获冷善。梁溪倚声国，软浪摇歌扇。侯子生其中，蔚作群工殿。思贤哀窈窕，刻意写盼倩。了知天机深，每恨抽思浅。缥渺阳台云，迷蒙神女巘。但乞一字安，岂惜千须撚。梦醒起视国，四野方龙战，火急写为图，庶令知者见。博奕岂能贤，权利吾知免。

寄　散　原

　　已回春燕数鲋鱼，目断南云少尺书。可有园林成独往，倘缘花月得相于。江湖无地栖饥凤，朝暮何年了众狙？说与闭门无己道，去年诗句太勤渠。

三月三日洁叶氏甥女约
刘伯远叔通兄弟侯疑始游万生园

六十之年忽已至，此去当逢几上巳。燕京春气向来迟，红白未开桃与李。先生有似南郭綦，终日嗒然惟隐几。稍闻天籁出枅圈，未辨春容识红紫。忽思结伴趁佳辰，更以清言消短晷。二刘兄弟今敌敨，况有吾徒侯叔起。驱车相约到城西，地近不逾五七里。只怜景物太雕疏，不共承平竞繁侈。王孙当日辟名园，意与西人争吊诡。草木搜集兼亚欧，毛羽牢笼暨非美。园官土著用胡倭，月廪水衡供啄饲。中西异制起行宫，御宿逶迤承燕喜。谁料一朝异陵谷，瓶犹未罄罍先耻。文章玄豹几留皮，老苍黄鹄徒矜觜。园中禽兽强半皆成标本。何曾三起继三眠，却笑万生成万死。迩来涤场号农事，处处标题分溺矢。园旧名万生，今称农事试验场矣。稍胜艮岳筠为薪，岂有九成泉出醴？今人却忆山阴言，俯仰陈迹无乃是。只供吾曹作凭吊，年年太息流光驶。西山青眼故依然，沧海横流嗟未已。清游聊复五人同，不必流觞依曲水。语阑天末转轻雷，似以微阳告春始。更将何物洗荒伧，惟有唐花开玉蕊。老夫年来腰脚健，望眼园林空徙倚。苍然暮色向归途，依旧繁灯闹城市。秋鸿有信问明年，回首前游真梦耳！

题张勇烈树珊遗像

马革男儿事，靴刀大将身。国殇悲旧部，庙食报斯人。公若生今日，吾知气益振。苍茫看八表，焚烧正无垠。

严复

挽麦孺博三首

　　康长素高弟麦孺博君，客死海上。梁任公、罗掞东以乙卯正月廿九日，于法源寺为位以哭。余赴吊，掞东问余与孺博凡几相见，漫应之曰：尝于海上一面，实则余与孺博，未修士相见礼也。梁罗二君，相督为诗，则挽之如此。

　　观徼穷无死，知常隘九州。弥天寄精爽，托体见浮沤。已分归冲漠，徒劳计短修。遁天忘所受，流恸决悬疣。
　　舟流不知届，举国若寒灰。吾欲叩真宰，胡为生此才。系匏长不食，倾国老无媒。化作江梅树，非春莫漫开。
　　广颡丰颐额，闻声只尔思。遗贤自吾过，永失更堪悲。气类原相感，生涯亦暂时。玄黄天壤弊，此去尽交期。

书愤次伯远韵

　　空劳越石报鸡声，谋国人谁矢血诚？燕弱讵须呈督亢，赵亡原坐战长平。艾香可有三年蓄，剑利曾无十万横。玉貌围城成底用，摩挲铜狄但心惊。

163

题李一山汝谦所藏唐拓武梁祠画像 有序

丁巳岁杪，英使朱迩典君于其馆夜集，美使芮恩施君起为众宾演说中国古物之珍异，与夫美术流传关于生民进化甚巨之理，则谓：吾国美术，自建筑、雕塑、绘画、音乐之伦，虽与雅典发源不同，而先代教化之崇深，精神托寄之优美，析而观之，皆有以裨补西人所不及者。是故一物泯没不传，不止此邦人士所宜痛惜，广而言之，凡在人伦皆蒙其损。顾不幸海通以来，适值欧美物质科学大昌之会，华民怵于富强，与夫一切机械之利，遂若自鄙其先。而前数事者，坐以颓废，往往极高之诣，莫之或继，驯至失传，如古之乐舞，甚可痛也。又谓今日之事，宜使求古求新之家，知夫一国之所以为大，与夫民种之号为文明优秀者，不必在最胜之余烈，与其所享受者，豪侈富厚已也。必其所积于先民者，有郁为菁华，以与其国命相永，而后当之。然则先进礼乐，固不宜一付诸悠悠，而转取异邦人之所唾弃者，意指近世建筑。宝贵而崇大之，亦已明矣。言次于建筑、绘画，所历指尤多，复不足以尽喻之也。既闻其语，愀然以悲，爽然自失。而李一山君方出纸，索题其所藏之唐拓武梁祠画像。此拓自唐历明以至于今日，数易主人，中经兵燹，若有神护。观李君自述得碑之由，通于梦寐矣。则其抱残守阙，为先民精爽所凭依，固大异于今世人之所为者。卷中诸题识，自竹垞老人以降，考订是碑踪迹，又已不胜其详。则无似著语，舍咏诵赞叹而外，又奚所容其三尺之喙也邪！

武梁祠宇已风烟，画像千秋尚俨然。自是挥呵烦鬼物，与谁传宝亦因缘。三皇收去天应惜，百行从知孝总先。好为人寰护珍袭，休同顽石说平泉！

畴　　人

　　畴人谈浑天，寥廓不可拟。赫然众阳宗，如海一沤耳。地为之从星，叙列居三四。民物生是中，扰扰小虫豸。号为三才中，可怜不自揣。品庶固冯生，殉名讵即是。炽然争夺场，辛苦权与利。无贵贱不悲，无贫富不喜。妄窃聊自娱，狙虎相渠帅。蓬蓬飘风过，各各食蝼蚁。魂魄倘有知，往者难悉记。借问此时情，优劣何处异。所以古达人，率性聊尔尔。为善似差乐，有酒君当醉。

　　孙门说人性，愚智都三科。其才可为善，著论先孟轲。至今二千载，为说弥不磨。脱若荀卿语，黔首长荐瘥。人当自相食，白骨高嵯峨。岂能若今者，治化方纷罗。以兹推人理，前路知无他。日去禽兽远，用礼能贵和。人皆得分愿，后舞间前歌。自由复平等，一一如卢梭。所忧天演途，争竞犹干戈。藉云适者存，所伤亦已多。皇人未受谷，荆棘悲铜驼。黄炎日以远，涕泪双滂沱。

以渔洋精华录寄琥唐山春榆侍郎有诗见述率赋奉答

　　九陌风鸣尘堁堁，南郭隐几今丧我。长安作梦垂十年，梦想阳崎山一逻。文书引睡睡复醒，万事不理任懒惰。河阳宗伯今词宗，赠我新诗堪已瘅。见《山海经》犹云愈疟。为言昭代录诗人，疑让新城居上座。士林沾丐三

百年，蒋袁杭厉皆细琐。平生结习觑文字，扬榷新诗吾亦颇。文章派别几人存，大抵修辞禁淫波。李杜光芒万丈长，坡谷九天纷咳唾。如星五纬流四渎，议论欲到吾知叵。请言在昔明中叶，群公模拟或太过。虽然法上几得中，要于风雅未为左。何来东涧恣抨击，一钱不值同骂座。渔洋崛起应新运，如麟独角推一个。譬彼射者得正鹄，稍嫌力薄愁官笴。文人相轻自古然，又被赵饴山纪晓岚加切磋。降兹谈艺遍湖海，若个解衣旁薄裸。西昆靡靡江西粗，公安竟陵更幺麽。小子何莫学夫诗，敢问师资谁则可。吾云要在士卓识，一任纷拿众口哆。斯文如女有正色，岂事涂泽徒为大。横空盘硬亦非难，欲为排奡在贴妥。取经爱好似未害，他日湘帆随转柁。清新俊逸殆天授，着眼沈郁兼顿挫。双丸头上匆匆过，风轮谁挽蚁旋磨。勿云衰叔少和声，三百篇皆发愤作。能收一物寄孤赏，横流亦足娱寒饿。高歌青眼望后生，比似螟蛉祝果蠃。忽蒙佳什誉过庭，语重情深谁敢荷。君家自有谢超宗，池上凤毛众所贺。谓啸麓世讲。

说诗用琥韵

　　昔者鲁东家，太息关雎乱。紫色杂蛙声，何由辨真滥？文章一小技，旧戒丧志玩。泯泯俗尘中，持是聊自浣。譬彼万斛泉，洄洑生微澜；奔雷惊电余，往往造平淡。每怀古作者，令我出背汗。光景随世开，不必唐宋判。大抵论诗功，天人各分半。诗中常有人，对卷若可唤。捻花示微旨，悟者一笑粲。举俗爱许浑，吾已思熟烂。

书示子璇四十韵

吾思初生民，中国固独秀。一画开庖牺，衣裳垂轩后。虞夏丁中天，心法著授受。史臣所载笔，明白同旦昼。西旅当此时，蠢蠢犹禽兽。汤武行征诛，惟民在所救。孔子删诗书，述古资法守。时义大矣哉，道体弥宇宙。因礼有损益，百世难悉究。虽云世变殷，一一异经觏。嬴秦始变法，驱民用鞭杻。自兹更纷纭，王霸方杂揉。极盛推汉唐，宋明亦在宥。强胡入中原，始寇终昏媾。清人张大杌，久乃见涩锈。于时西方人，造化供镌镂。周髀函员舆，阴阳随指嗾。思潮百千途，黄钟杂瓦缶。舟车所开通，势欲穷高厚。佳兵非不祥，远贾期必售。韩匄。平等复自由，群龙见无首。岂徒财力雄，固亦祛荒陋。空穴嗟来风，黄人遂瞠后。推人曰文明，自处但怐愗。吁嗟四千春，声教总刍狗。宁知人道尊，不在强与富。恭惟天生人，岂曰资战斗！何期科学精，转把斯民蹂。君看四年战，兹事那可又。汝今治旁行，如农始备收。毋忘七尺躯，幸托神明胄。所期取彼长，为国补缺漏。他年劫运回，端复资旧有。举国方饮狂，昌披等桀纣。慎勿三年学，归来便名母。内政与外交，主者所宿留。就言匹夫责，事岂关童幼。吾衰不足云，况亦多纰缪。然于二者间，衡量亦已久。不胜舐犊情，为儿进苦口。

赠林畏庐

左海畸人林畏庐，早年补柳遍西湖。数茎白发看沉陆，无限青山入画

图。尽有高词媲汉始,更搜重译续虞初。饶他短后成齐俗,佩玉居然利走趋。

寿康更生六十丁巳二月五日

五十已过六十来,先生年寿天所开。昌期五百觏名世,下视余子犹舆台。初闻发挥劭公学,微言大义穷根荄。箴膏发墨说三世,儒林传宝如玉杯。河汾乐旨比洙泗,陶铸薛魏为骞回。泰山不数孙明复,亦有石介称徂徕。谒来光范上封事,陈十二策驱风雷。鸿毛遇顺古何为,不待六月风背培。岂料违天作衮叔,碧血危使后人哀。乘桴浮海适异国,廿载邱庐方重回。喜马势横落机直,足迹所掩吁艰哉。嫠妇不恤身已殒,未荷赦诏终愁猜。麻姑云车指征路,莽莽东海方扬埃。家居纤儿共撞坏,经始谁识桷与榱?声嘶口沫诉不忍,鲛人泪落皆琼瑰。今年悬弧逢闰月,仁气蕴积基恢台。述惟踔过二百韵,炙輠犹见诗人才。鄙夫六十又加五,发背久已成黄鲐。平生所学哀所用,末路潦倒尤堪咍。相望南北跂丰采,抠衣梦想趋隅隈。国家殷忧野多垒,甘陵北部今谁魁?心之精微岂能尽,聊助小雅赓台莱。

摸 鱼 儿

傍楼阴、湿云凝重,黄昏虫语凄絮。秋魂僝僽惊寒早,谁念羚獜羁旅。从头数,问陌上相逢,可料愁如许?今休再误。早打迭心苗,销凝意蕊，忍与此终古。　　茂陵病，挨得更更寒雨，此情依旧无主。微生别有无穷意，错认晓珠堪语。君莫怒，便舞凤回鸾，讵就轻轻谱。移商换羽。算海啸天风，成连归矣，霜泪冻弦柱。

严复

金缕曲

旅邸情难遣。况秋宵、征鸿凄厉，寒衾孤展。觅地埋忧高飞去，那借步虚风便。云窗外、蟊蟾斜眄。解佩江皋魂先与，迓多情、他日谁家辇？思不得，泪空泫。　　长门可是无团扇？更何人、莳兰惋蕙，白头仙眷。填海精禽千万翼，试测蓬莱深浅。又不是、等闲莺燕。咏絮才高寻常事，抱孤怀、要把风轮转。春且住，勒花片。

解 连 环

己酉灯节呈彊村，用梦窗韵。

绾同心结。正春舒柳眼，嫩条柔极。料庾信、愁满江关，更吴雨潇潇，落梅风色。社酒犹赊，燕泥冷、郁金堂北。问巢痕东阁，缴影西清，可堪重忆？　　试灯故情未掷。为东风作主，商量红白。怕玄都、去后桃花，又浥露冷霞，自骄绀碧。玉宇孤蟾，瞰来去、沧溟潮汐。且寻伊、玉龙怨调，倚声抆得。

日 记

严复日记

光绪三十四年戊申二月十一日 五时五十分自吴淞返上海。收到第一月薪给五百元。

八月初三日 本日奉北洋札,为新政顾问官。桐城人吴梦雏燕来来见。又,刘传绥。又,曾叔吾。

初四日 王少泉、蔡志庚、孙仲英、窦骏生、刘秉镛、陈作舟、王振纲、林郁斋、李成梅、木斋请饭。

初五日 孟双宝、小金子、三福。翠升、得福。郭海容、周星北、陈协中。林文彬请饭。

初八日 寄上海挂号信二封。

初九日 辟疆来索摺稿,作至二点,仅成大半篇,明日尚须继作。碧城来谒,谈间多自辨之语。

八月十一日 摺稿完。下午至女公学谈。晴而甚热,夜多蚊,甚苦之。

八月十二日 伯玉夫妇来津。发快信两封。

八月十三日 是日忽凉,叔吾请客。到长发栈,与叔宜谈甚久。蔡廷干、哈卜门、林叔泽。

八月十四日 到长发栈。在裕中与儿子饭。见吕复,有诺。子妇上船,明早四点开。

八月十五日 开销三处局帐。

八月十六日 曾筠圃来。严荣官来。谒莲帅,言严家女儿桂宝事,蒙允代为保护。法界三马路余庆里李润田家。始译《名学启蒙》。

八月十七日 见季北。

八月十八日　到女子公学,以《名学》讲授碧城。

八月十九日　今日最闷损。叶丹园与荣官同来。毛翚以横批与敛之。译《名学》至十九节。

八月二十日　林松卿。林质斋。

八月廿一日　接到桂宝缄谢,已答,领薪水,□领去。质斋请吃羊肉馆,鸿宾楼。遇方仪廷,天仙观剧。

八月廿二日　见堃堃、陈毓淳、刘心组。得陆纯甫继周书,总务课员。

八月廿三日　寄信问珠。

八月廿五日　北洋水师学堂旧生在李公祠欢迎。培南、嘉井来。碧城来。

八月廿六日　柯大夫,挂。纫兰,挂。交曾道生五百两。

八月廿七日　未进京。到碧处谈。

八月廿八日　进京,四点钟。入学部。购贺莲青羊毛四十三两。

八月廿九日　晤张燕谋,其意欲吾动笔。

九月初一日　在学部看教育卷两本,平平耳。一、七十分;一、八十五分。

九月初二日　寄家信一封。

九月初三日　诸生在西郊万牲园欢迎。寄纫兰信一封。

九月初四日　出衙门,到五城学堂。

九月初五日　在五城学堂。学部看学凭。榕荫堂吟集。

九月初六日　孟绥臣请三点饭。

九月初七日　拟九点钟出京,不果。求余书者甚众。得木庵、石遗诗集。

九月初九日　十二点到此,河北学务公所。

九月初十日　上午严吕氏率其女及两学生来。下午到碧城处。

九月十一日　张小秋请。《名学》尽五十八节。接纫信,大息信。

九月十二日　写日字信与纫。谒莲帅。寄快信与大息。《名学》尽六十七节。

九月十三日　廉叔、毛翚来,言十七闽学会欢迎,许之矣。发日字信,快。未出门。月色寒朗。《名学》尽七十九节。

九月十四日　堃堃、毛翚、刘心组来。沈小沂、蔡志赓来。接璋信。

木斋来夜谈甚久。《名学》仅至八十九节。

九月十五日　荐堃堃、毛翚、严宝祺，又黄仲则、张昆玉于仲庚。家轸送马车。到紫竹林洗澡。寄璋信。

九月十六日　接到明丽信一缄。见吕碧城。丹桂听戏。

九月十七日　到闽学会。该会在德源里，见王贡南、林少衡。到全乐班，叫素云。

九月十八日　得刘子英信。王子翔。寄家信，明丽、大奶奶，快。领子交麦加利。寄香海领子。寄纫月字信。

九月十九日　下午寄孙信有领子。方仪廷来。吕碧城来。吴辟疆来。林少衡来。得麦加利复领子。制坊联、记。洗浴。

九月二十日　下午到全乐班，方仪廷请。又到翠升班。见吕二姑太。寄高啸桐信。

九月廿一日　林质斋来。见莲帅，不遇。写堃堃所托渠祖母坊联等。无南信，极念纫病势。《名学》至122节。

九月廿二日　沈正增来。黄孝肃及严廉来。与碧城一词。谒莲帅，晤夏地山，知菊生已归。又晤吴彦复。寄明丽快信，叫寄药膏。

九月廿三日　到客籍学堂演说，木斋、志庚在坐。接纫兰十六日快信十八始寄。写盈字信。《名学》至130节。

九月廿四日　莲帅下札与质斋、仪廷、吴燕来。到女子公学。寄盈字信。荣官来，说福州新坊。赴义和成。

九月廿五日　吴彦复、杨皙子度、王鲁璠鸿年、陈公穆兰甫之孙、王叔鲁子展之子克敏来谈半日。赴洪椿班，郭海容、庄亦颜约。碧信，属星期勿往。晚赴三福班。

九月廿六日　王叔鲁请，坐上有杨度、熊铁厓、金伯平、李伯芝、黎伯颜、祁君用、陈公穆、王鲁璠、吴彦复诸公。住人和里。

九月廿七日　吕姑太来。戈升回津，带邓、罗信。皙子请，在督署花园。为严颙英作信，与女师范提调吴蔼臣者。到桂香班，黄孝叔约，十二点归。

九月廿八日　桂稷逐出堂，作两信，与其提调吴某，无益也。到德源里，见吕姑太，劝其南去，勿在京、津之间。申刻，张仲仁、徐芷生、祁君用、金伯平、李伯芝、黎伯颜请。

九月廿九日　碧信，来取《名学》。下午到德源里，送吕一百元。

九月三十日　昨夕十点半睡，今晨四点半醒。竟日雨。

十月初一日　三点到德源里。培南带钱集今诗余到。

十月初二日　今日甚病，不能吃饭。信与吕碧城。接大息信。

十月初三日　下午呈莲帅二诗，向之告假矣。

十月初四日　与彦复一册页、一像。寄晟字信。到吉庆里。接家信一封。

十月初五日　赴女子公学。

十月初六日　到麦加利，卖电灯股票。送王贡南文。

十月十八日　为商务印书馆作草书帖。

十月十九日　先母忌日。

十月二十日　译《名学》完。极望阿兰，几不自任。柯大夫来。

十月廿一日　大纶买缎。到西门接兰，不遇。

十月廿五日　给巡捕捐。

十月廿九日　付书箱钱一百元。

十一月初一日　到西门。归，作信与罗大夫。

十一月初二日　本日大怒。

十一月初八日　晚送碧城往天津。

十一月初九日　得大儿信。侯雪农刻住无锡大市桥青果巷内茅渎巷朱宅。

十一月初十日　嗣皇帝登极之第二日。

十一月十三日　买马车，三百十七两。

十一月十五日　得大儿信。得雪农信。礽兰言回。

十一月十六日　游陈列所。

十一月十七日　临《兰亭》一通与雪农。

十一月十八日　与季贞信。

十一月廿一日　得碧信，即复。

十一月廿五日　多那孙请明日午饭。

十一月廿八日　搓丸。

十一月廿九日　香海寄三百十四两四钱五分来，交号。

十二月十三日　侯雪农迁无锡东门同盛巷唯我别庐。

青春白日无公事，蠹简残编作近邻。世味极淡薄，才术见嗟称。浪说诸公见嗟赏，独怜形迹滞河山。闭塞乃非道，用舍君自知。破屋仰见星，

高论听悬河。天地一喻指，木雁两不居。为此春酒以介眉寿，彼美叔姬可与晤言是故君子诚之为贵。减莒斋马冯元淑，腰笏牵舟何易于。曩过招提饭，能为青白眼。颇熏知见香，稍窥性命学。达人大观物无不可，往者可作吾谁与归。斜日穿窗飞野马，暑风蚀米长强羊。诸葛大名垂宇宙，南极一星在江湖南极老人应寿昌。愿见北地傅介子，恐是汉代韩张良。天下苍生待霖雨，月明孤影伴寒松。压众精神出群标格，秋丁亭馆风絮池塘杨补之。露洗华桐烟霏丝柳，淡云阁雨迟日催花。酒祓春愁花消英气，宴陪珠屦歌按发鬓。丹徒布衣未可量，竟陵主簿极多闻。

译著

《天演论》导言(三节)

〔英〕赫胥黎著

导言七·善败

天演之说,若更以垦荒之事喻之,其理将愈明而易见。今设英伦有数十百民,以本国人满,谋生之艰,发愿前往新地开垦。满载一舟,到澳洲南岛达斯马尼亚所,弃船登陆,耳目所触,水土动植,种种族类,寒燠燥湿,皆与英国大异,莫有同者。此数十百民者,筚路褴缕,辟草莱,烈山泽,驱其猛兽虫蛇,不使与人争土。百里之周,居然城邑矣。更为之播英之禾,艺英之果,致英之犬羊牛马,使之游且字于其中,于是百里之内,与百里之外,不独民种迥殊,动植之伦,亦以大异。凡此皆人之所为,而非天之所设也。故其事与前喻之园林,虽大小相悬,而其理则一。顾人事立矣,而其土之天行自若也。物竞又自若也。以一朝之人事,阘然山于数千万年天行之中,以与之相抗,或小胜而仅存,或大胜而日辟,抑或负焉以泯而无遗,则一以此数十百民之人事何如为断。使其通力合作,而常以公利为期,养生送死之事备,而有以安其身,推选赏罚之约明,而有以平其气,则不数十百年,可以蔚然成国。而土著之种产民物,凡可以驯而服者,皆得渐化相安,转为吾用。设此数十百民惰窳卤葬,愚暗不仁,相友相助之不能,转而糜精力于相伐,则客主之势既殊,彼旧种者,得因以为利,灭亡之祸,旦暮间耳。即所与偕来

之禾稼、果蓏、牛羊，或以无所托芘而消亡，或入焉而与旧者俱化，不数十年，将徒见山高而水深，而垦荒之事废矣。此即谓不知自致于最宜，用不为天之所择，可也。

复案：由来垦荒之利不利，最觇民种之高下。泰西自明以来，如荷兰，如日斯巴尼亚，如蒲陀牙，如丹麦，皆能浮海得新地。而最后英伦之民，于垦荒乃独著，前数国方之，瞠乎后矣。西有米利坚，东有身毒，南有好望所洲，计其幅员，几与欧洲埒。此不仅习海擅商，狡黠坚毅为之也，亦其民能自制治，知合群之道胜耳。故霸者之民，知受治而不知自治。则虽与之地，不能久居，而霸天下之世，其君有辟疆，其民无垦土。法兰西、普鲁士、奥地利、俄罗斯之旧无垦地，正坐此耳。法于乾、嘉以前，真霸权不制之国也。中国廿余口之租界，英人处其中者，多不逾千，少不及百，而制度厘然，隐若敌国矣。吾闻、粤民走南洋、非洲者，所在以亿计，然终不免为人臧获被驱斥也，悲夫。

导言八·乌托邦

又设此数十百民之内，而有首出庶物之一人，其聪明智虑之出于人人，犹常人之出于牛羊犬马，而为众所推服，立之以为君，以期人治之必申，不为天行之所胜，是为君者，其措施之事当如何？无亦法园夫之治园已耳。园夫欲其草木之植，凡可以害其草木者，匪不芟夷之，剿绝之。圣人欲其治之隆，凡不利其民者，亦必有以灭绝之，禁制，使不克与其民有竞立争存之势。故其为草昧之君也，其于草莱、猛兽、戎狄，必有其烈之、驱之、膺之之事。其所尊显、选举以辅治者，将惟其贤。亦犹园夫之于果实花叶，其所长养，必其适口与悦目者。且既欲其民和其智力以与其外争矣，则其民必不可互争以自弱也。于是求而得其所以争之端，以谓争常起于不足，乃为之制其恒产，使民各遂其生，勿廪然常惧为强与黠者之所兼并。取一国之公是公非，以制其刑与礼，使民各识其封疆畛畔，毋相侵夺，而太平之治以基。夫以人事抗天行，其势固常有所屈也。屈则治化不进，而民生以雕，是必为致所宜以辅之，而后其业乃可以久大。最故民屈于寒暑雨旸，则为致衣服宫室之宜；民屈于旱干水溢，则为致潴渠畎浍之宜；民屈于山川道路之阻深，而艰于转运也，则有道途、桥梁、漕輓、舟车，致之汽电诸机，所以增倍人畜之功力也。致之医疗药物，所以救民之厉疾夭死也。为以刑狱、禁制，所以防强弱、愚智之相欺夺也。为之陆海诸军，所以御异族强邻之相侵侮也。凡如是之张设，皆以民力之有所屈，而为致其宜。务使民之待于天者，日以益寡，而于人自足恃者，日以益多。且圣人知治人之人，固赋于治于人者也。凶狡之民，不得廉公之吏，偷懦之众，不兴神武之君，故欲郅治之隆，必于民力、民智、民德，三者之中，求其本也。故又为之学校、庠序焉。学校、庠序之制善，而后智仁勇之民兴。智仁勇之民兴，而有以为群力、群策之资，而后其国乃一富而不可贫，一强而不可弱也。嗟夫，治国至于如是，是亦足矣。然观其所以为术，则与吾园夫所以长养草木者，其为道岂异也哉？假使员舆之中，而有如是之一国，则其民熙熙皞皞，凡其国之所有，皆足以养其欲而给其求。所谓天行物竞之虐，于其国皆不见，而惟人治为独尊，在在有以自恃而无畏，降而至一草木、一禽兽之微，皆所以娱情适用之资，有其利而无其害。又以学校之兴，刑罚之中，举错之公也，故其民莠者日以少，良者日以多，驯至于各知职分之所当为，性分之所固有，通功合作，互相保持，以进于治化无疆之休。夫如是之群，古今之世所未有也。故称之曰乌托邦。乌托邦者，犹言无是国也，仅为涉想所存而已。然使后世果其有之，其致之也，将非由任天行之自然，而由尽力于人治，则断然可识者也。

严复

　　复案：此篇所论，如"圣人知治人之人，赋于治于人者也"，以下十余语最精辟。盖泰西言治之家，皆谓善治如草木，而民智如土田。民智既开，则下令如流水之源，善政不期举而自举。且一举而莫能废。不然，则虽有善政，迁地弗良，淮橘成枳，一也。人存政举，人亡政息，极其能事，不过成一治一乱之局，二也。此皆各

177

国所历试历验者。西班牙民最信教,而智识卑下,故当明嘉隆间,得斐立白第二为之主而大强。通美洲,据南美,而欧洲亦几为所混一。南洋、吕宋一岛,名斐立宾者,即以其名,名其所得地也。至万历末年,而斐立白第二死,继体之人,庸暗选懦,国乃大弱。尽失欧洲所已得地,贫削饥馑,民不聊生。直至乾隆初年,查理第三当国,精勤二十余年,而国势复振。然而民智未开,终弗善也。故至乾隆五十三年,查理第三亡,而国又大弱。虽道、咸以来,泰西诸国,治化宏开,西班牙立国其中,不能无所淬厉,然至今尚不足为第二等权也。至立政之际,民智汙隆,难易尤判。如英国平税一事,明计学者持之盖久,然卒莫能行。坐其理太深,而国民抵死不悟故也。后议者以理财启蒙诸书,颁令乡塾习之。至道光间,阻力遂去,而其令大行,通国蒙其利矣。夫言治而不自教民始,徒曰"百姓可与乐成,难与虑始"。又曰"非常之原,黎民所惧",皆苟且之治,不足存其国于物竞之后者也。

导言九·汰蕃

虽然,假真有如是之一日,而必谓其盛可长保,则又不然之说也。盖天地之大德曰生,而含生之伦,莫不孳乳,乐牝牡之合,而保爱所出者,此无化与有化之民所同也。方其治之未进也,则死于水旱者有之,死于饥寒者有之,且兵刑疾疫,无化之国,其死民也尤深。大乱之后,景物萧寥,无异新造之国者,其流徙而转于沟壑者众矣。洎新治出,物竞平,民获息肩之所,休养生聚,各长子孙,卅年以往,小邑自倍。以有限之地产,供无穷之孳生,不足则争,干戈又动。周而复始,循若无端。此天下之生所以一治而一乱也。故治愈隆则民愈休,民愈休则其蕃愈速,且德智并高,天行之害既有以防而胜之,如是经十数传、数十传以后,必神通如景尊,能以二馒头,哺四千众而后可。不然,人道既各争存,不出于争,将安出耶?争则物竞,兴天行用,所谓郅治之隆,乃僶然不终日矣。故人治者,所以平物竞也。而物竞乃即伏于人治之大成。此诚人道物理之必然，昭然如日月之必出入，不得以美言饰说，苟用自欺者也。设前所谓首出庶物之圣人，于彼新造乌托邦之中，而有如是之一境，此其为所前知，固何待论？然吾侪小人，试为揣其所以挽回之术，则就理所可知言之，无亦二途已耳：一则听其蕃息，至过庶食不足之时，徐谋所以处置之者；一则量食为生，立嫁娶收养之程限，使无有过庶之一时。由前而言其术，即今英伦、法、德诸邦之所用，然不过移密就疏，挹兹注彼，以邻为壑，会有穷时。穷则大争仍起；由后而言，则微论程限之至难定也，就令微积之术，格致之学，日以益精，而程限较然可立，而行法之方，将安出耶？此又事有至难者也。于是议者曰："是不难，天下有骤视若不仁，而其实则至仁也者。夫过庶既必至争矣，争则必有所灭，灭又未必皆不善者也，则何莫于此之时，先去其不善而存其善。圣人治民，同于园夫之治草木，园夫之于草木也，过盛则芟夷之而已矣。拳曲臃肿，则拔除之而已矣。夫惟如是，故其所养，皆嘉葩珍果，而种日进也。去不材而育其材，治何为而不若是？罢癃、愚痫、残疾、癫丑、盲聋、狂暴之子，不必尽取而杀之也。鳏之、寡之，俾无遗育，不亦可乎？使居吾土而衍者，必强佼、圣智、聪明、才桀之子孙，此真至治之所期，又何忧乎过庶？"主人曰："唯唯，愿与客更详之。"

　　复案：此篇客说，与希腊、亚利大各所持论略相仿，又嫁娶程限之政。瑞典旧行之民欲婚嫁者，须报官验明家产及格者，始为胖合。然此令虽行，而俗转淫佚，天生之子满街，育婴堂充塞不复收，故其令寻废也。

总论宗法社会

〔英〕甄克斯著

　　由蛮夷社会而入于宗法，由宗法社会而进于今日之国家。故今日社会之现象，一一皆可溯其源于宗法。且非经宗法社会之所为，有虽欲蕲进于今而不得者。宗法社会者，所以为今日之演进，栽成其民德，而奠厥群基者也。民智以降而日开，群业亦降而日富。宗法社会者，于其前则为之禽受，于其后则待以敷施，其制实本于民彝天性之至深。五洲民种繁殊，顾其所为，不谋皆合。继自今，虽社会之演进无穷，而其所受于初者，将在在长留其影响，此又人事之百世可知者矣。不佞言古社会，止于今篇，继此将言近世之社会。故特于此举宗法国家二社会之异，重言以申明之。使学者于是而有明，其于今日社会，将无难通之故矣。盖宗法较然可言者有四：

　　一以种族为国基也：欧洲今日言社会者，一切基于土地。故近世最大法典，言产于其国者，即为其国之民，而刑律必与地相终始。古之社会，乃大不然。其为游牧行国，随畜荐居，本无定地者，固无论已。即在耕稼地著之种，其言系民之制，亦以种族，非以地也。乃至工商之业，亦有一本同源之谊，而不以所居之同方。虽同行社者，常州处于一廛一市之中。然实以同行社故，而居比邻；不以比邻故，而同行社也。夫工商之业尚如此，则所谓种人族法者，其社会之以人不以地，愈可知已。

　　二以羼杂为厉禁也：惟宗法社会，以种族为国基，故其国俗，莫不以羼杂为厉禁。方社会之为宗法也，欲入其樊，而为社会之一分子，非生于其族，其道莫由。其次则有螟蛉果蠃之事，然其礼俗至严，非与例故吻合者，所弗纳也。向使古之种人，见今日欧美诸国，所以容纳非种者，将九庙为之震动，而不为神之所剿绝者几希。盖今日社会，所大异于古者，以广土众民为鹄，而种界则视为无足致严。颇有近世学人，以古社会之所为为是，而持知类保种之说，此彼是各一是非之言也。特不佞所征，则有世界历史，所必不可诬之事实。必严种界，使常清而不杂者，其种将日弱，而驯致于不足以自存。广进异种者，其社会将日即于盛强，而种界因之日泯。此其理自草木禽兽蛮夷，以至文明之民，在在可征之公例。孰得孰失，非难见也。社会所为，不此则彼，无中立者。希腊邑社之制，却以严种界而衰灭。罗马肇立，亦以严种界而几沦亡。横览五洲之民，其气脉繁杂者强，英、法、德、美之民，皆杂种也。其血胤单简者弱，东方诸部，皆真种人矣，其可得于耳目者又如此。

三以循古为天职也：今夫被服成俗，行古之道，虽今之社会，于所行犹居其多数。顾今之社会，率旧不忘矣；而改良进步之事，可并行而不相害也。乃宗法社会，则以习俗为彝伦，成法为经典，其于社会，有确乎不拔者焉。夫易者天之道也，故虽古社会，有虽欲无变而不能者。顾其俗以不改父为孝，循古守先，为生民之天职，则去故就新之事，非甚不得已，而孰为之？昔者吾英律学大家麦音显理，游印度内地，所纪乡社闻见，有极可哂者。云其地以水泉之浊涩不甘，治其土者，有食水公司之设。具章程，谨开阖，而定其所纳之资，其为法本至平也。使有行之伦敦东城（东城贫者所聚）者，民见泉甘价贱如是，未有不凫藻欢欣，以其事为幸福者，而印之乡社不尔云也。且谓"英官以一纸之文书，废数千年之旧俗，其事大怪！"已而有黠者，告其长老曰："是所为者，非新法也，乃吾印之古制失传，考诸典籍，复而用之耳。"其众乃相悦以解，且谓古人之制，果胜今人也。盖印之习俗，虽工商实业，所行之法度章程，亦必相矜以久故。其民所以有喀斯德之等衰者，溯所由来，亦缘宗法之旧制而后有。吾党法称不变之泰东，顾宗法与不变为同物，无论泰东泰西也。

宗法所行，即无变进；惟其不变，故物竞不行。（按此特言其内竞耳，至于外竞，则劣败之林也。）盖物竞之与维新，又偕行之现象也。同居一社会之中，彼竞而独存者，即以所为优于蹈常袭故故也。宗法之社会，其中即有所竞，亦不过同遵古始，而为之特良耳。使居愚贱之地，而自用自专，则灾逮其

严复

身者也。若夫工商实业，其为竞尤难。观一二名义，则其时之人心可以见矣。曰垄断，曰贵庚，皆贱丈夫之事也。顾居今而观之，则所谓贵庚者，非他，购于一市之先，储之以待善价而已。所谓垄断者，非他，所预购者，几于尽一市之所有，后徐售之，而邀及时之利而已。是二事者，今之商贾，时其可为，孰不为之，未见其人之为贱丈夫也。何则，人各自由，平均为竞，而亦各有所冒之险故也。嗟乎！使古道而犹用于今，彼之持牢盆而操筹策者，为狴犴图圄中人久矣。岂特贱丈夫也哉！

四以家族为本位也： 夫宗法社会，以民族主义为合群者也。顾其言合群也，异于言社会主义者之合群。社会主义之合群，凡权利财产，皆非小己所得私，必合作而均享之。而宗法社会不然，未尝废小己之权利矣。而其制治也，又未尝以小己为本位。此其异于言社会主义者，而又与国家主义殊也。故古之社会，制本于家。且古之家，大今之家，往往数世同居，而各有其妻子奴婢，统于一尊，谓之家长。家长之于家，为无上之主权。由是等而上之，家联为族，支子为之长。族合为宗，宗子为之君，则所谓种人之酋是已。吾人居今日之社会，皆以一身径受国家之约束法制者也。而宗法之社会，则种酋宗子，行其权于族。族长支子，行其权于家。家有严君，行其权于一家之众。且其行权也，与今世官府有司之行权，必不可混而一之也。今世官府有司之行权，皆己本无权，而所奉者国家之法。而种酋族长所奉者，其种之旧章，而传之于先祖，故咸有各具之权。

不佞所以言宗法社会者止此，学者欲知其制之详，则有郝略尔之《希罗邑社》一书在。夫希腊市邑，乃宗法社会之极制，其中有必非后世社会所可几及者。不幸有弱点焉，遂为天演之劣败。至于罗马种民，亦以是始者也。虽其美善，逊于希腊之所为，然以及时知变，而拓辟疆土，遂跨亚、欧。凡此皆古今社会之极盛者矣。

释思想言论自由

〔英〕穆　勒著

英为国，所得免于官吏之赃婪，王公之暴横者，非以舆诵自由之故乎？此其民所久享之幸福也，无待狺狺之争，以保持其义于不坠，为立法，为行法。使今之居民上者，所谓利害与国人殊，意欲用其私好恶，诏民何者为所宜言，何者不得偶语，则其势必不行。此亦已往之事，无事居今为之论辨者也。英诸先民，其于如是诸义也，其声之大如建金鼓，其说之明如揭日月，不佞是篇，无能毫末增益也。虽图德报律，犹载于刑书，钳束谤讥，间所不免。顾空文虚设，绝少施行。独有时讹言朋兴，当轴执宪者，恐惧肇乱。始违正法，弹压胥谗，至于余时，无为此者。是故言其大经。吾人生不讳之朝，居立宪之国，是立法行法诸司，无论其责任为对国民与否，而其与国民众口，所以宣达下情者，决无塞绝诃监之可虑。即有时凛畏民岩，忽施威力，则必所禁之说，已为有众所不容，而后敢如此。凡此皆不必为之过虑者也。故不佞兹所论者，非政府与国民为反对也，乃政府与国民为一心。其所禁阻者，非通国之公言也，乃一家之私说。此则不佞所至不得已而论著斯篇，且将以其义质诸天下后世者。

盖不佞之意以谓凡在思想言行之域，以众同而禁一异者，无所往而合于公理。其权力之所出无论其为国会，其为政府，用之如是，皆为悖逆。不独专制政府，其行此为非，即民主共和，行此亦无有是。依于公信，而禁独伸之议者，其为恶，浮于违众议而禁公是之言。就使过去来三世之人，所言皆同，而一人独持其异，前之诸同，不得夺其一异而使同，犹后之一异，不得强其诸同以从异也。盖义理言论，不同器物。器物有主人所独宝，而于余人不珍。故夺其所有，谓之私损。而所损者之众寡，犹有别

严复

183

也。义理言论，乃大不然。有或标其一说，而操柄者禁不使宣，将其害周遍于人类。近之其所被者在同世，远之其所被者在后人，与之同者，固所害也；与之异者，被害尤深。其所言为是，则禁之者使天下后世无由得是以救非。其所言为非，则禁之者使天下后世无由得非以明是。盖事理之际，是惟得非，而后其为是愈显，其义乃愈不刊。此其为用，正相等耳。是二义者，必分立审辨而后明。言论之出也，当议禁绝之时，从无能决其必非者，就令能决其必非矣，而禁绝之者，仍无功而为过。一则自其最显者而言之，彼操柄者所欲禁之言论，未必其非真理也。夫自禁者言之，则固以为非真理。然而言之者人也，禁之者亦人也，以人禁人，其说固不能常是而无非。天未尝予禁者以判决是非之全智也，彼所判决者，他人亦得判决之。是故人有所言，而或禁之，抑置之于不见听之地，曰吾决其说之必非，凡此皆以己所论定者，为无对不诤，既定而万世莫与易者也。是故禁人言论，必先以无对不诤，而莫与易自居。以无对不诤而莫与易自居，是人也，而自居为至诚之上帝。明此则所为之合理否，无待烦言矣。

  所不幸者，吾与之辨义理，观人心，则人人自知其可以过。己所谓是者，不必皆是也；己所谓非者，不必皆非也。独至论事听言，则向者自知之明，或不见也。人人自知其可以过，而人人未尝为此可以过者留余地焉。当此之时，有警之者曰："子今所汹汹坚持，所谓必出是而后为中理者，未必不同于向者之所过也。"则掉头无闻而已矣。甚矣自知之明，于其言行为无益也！专制之人君，握柄之官吏，僻师骄子，环其左右，莫非导谀。逮心习之既成，斯所云为，莫非是者。此古所谓不闻过之最不幸者也。言而或攻之，进而或谪之，此人生之福也。然以是非毁誉，无时而不与人共也，则以众同为独可恃。或奉其素所敬者，为之导师，盖自其用己之情既轻，故其同人之信日重。曰此非吾一人之私言也，而世界之通义耳。顾试观彼所谓世界者，其为量又何如？世界者，人人所密切之四周也。其乡党，其交游，其政党，其教会，其操业之等流，凡此皆其世界也。乃至横览旷观，极之一国一世而后止，此可谓闳规大度者矣。乃不谓自有人类以还，未有文字前尚矣，不可考已。而史传所称，凡一时一国一党一派一流之所是，其为异时异国异党异派异流之所非者，又不知其凡几。此今不异古所云也。乃若人犹确然以众同为可恃，所取同之世界一，所不知之世界无穷，于无穷世界之中，得此一以为同者，亦至偶然耳。而若人不悟也。以一切之前因，而吾子为伦敦之教士。以同此因，以吾子为迦毗罗之僧迦可也，以吾子为齐鲁之大儒，为蒙古之喇嘛，无不可也。由此观之，则虽有天下之是非，其不得为无对不净之论定者，亦与一人一家之所为等耳。今夫一朝一国之所崇信而奉行，常若地义天经，无敢或越。乃异邦后叶，则不但以其说为诬，且目为巨谬焉。盖不止一二端而已。然则今日之所崇信奉行，又将为后世之所谬诬，什八九可决也。彼汹汹坚持者，可以返矣！

于是驳吾说者曰："子之为言亦大过已！夫闻一言而心知其为邪说，所禁之使不行、塞之使不流者，惧其诬民惑世也。其自任于裁别是非者，亦本己之识，因时之宜，与以公署众立之权应付他事者等耳。何必期于莫与易而后行？且无是非之心非人也。天予人以是非之心，固将使之应万事，夫岂以所行之或过，而裁别是非之事，遂废而不图？且吾之辟邪说而距诐行也，非曰吾所论定者，必是而无非，必中而无过也。诚以人伦之责，交于吾前，为是与非，当几待决。则虽心知其多误，亦本兹固有之良，以抉择于斯二者之间而已矣。使以所是非善恶者，不必其果是非善恶也。长怀戒心，而勿事事，则家国之事，谁复治之？天职民彝之重，不其废欤？是故义所以绳百行之常者，取以绳一二事之专端则不可。为朝廷之执政，为草野之齐民，方其有所措施有所论列也，道在用其智之所及，行其心之所安，力求其纯是无非，而后加诸人而已。使其心既知其纯是而无非矣，乃狐疑犹豫而不行也，斯为见义不行之无勇。而一切小心谨慎之辞，皆非若人所得托以为藏身之固者也。夫已心知其为邪说诐行，而由之必足以乱天下矣。顾乃容忍徘徊，不为距辟，坐视其势之燎原，曰：'古之时尝有所谓非者，而其实乃大是也，故吾兹不敢。'是尚得谓之有是非之心者乎？夫人类之于言行也，使非甚不善之人，则当其出之，其心莫不求其无过。乃若国家，其行之而病者正多有也。而人不以是，遂以彼为不足以行权。夫横征暴敛者有之矣，黩武穷兵者有之矣，然岂以此，遂不可以赋民？亦岂以此，遂不可以征伐？盖求是去非，无所不用其极者，国家之与齐民，其所得为止此。非不知是非之无常，而天下之无正制也。而人事当时之取舍，则固有其常经。吾之心求其正，吾之意求其诚，心正意

诚，则吾之好恶是非，固观听言动之程准也。所以辟邪说，所以距诐行，使不至于惑世诬民而乱天下者，亦如是而已矣。初何尝以无对不净而莫与易自居也哉！"

应之曰："辨已，客之为言也！虽然，方客之以一说为邪而辟之，以一行为诐而距之，甚且加刑罚禁制，焚其书，僇其人，以徇于天下者，是其所为，夫岂止于前说而已哉！今夫事有相似而实悬殊者，存一说以为是，而任天下人之求其非，惟无可非，乃以为是。此一事也。主一说以为是，而禁天下人之言其非，吾之所是，乃不可非。此又一事也。是二者若黑白旦夜然，必不可混而一也。是故文明之世能建一理以为真，而有以立视听言动之程准者，以其理尝悬诸国门，实用言论自由，任天下人之指摘讥评故也。所庶几可以无过者，以尝经无数人之吹求，而其说犹有立。嗟夫！以人道而言是非，惟遵此术者，稍可恃耳。使几微而不及此，虽以圣者言之，亦将有时而反，况其下者，尚何道乎？"

今夫溯古以逮今，合人类而观其全，则民智固降而益开，民生固降而益遂。即不然，亦不得谓今所见者劣于古也。又不然，劣矣，尚未至于日下也。闲尝深思其故，见人道所以能如今，而不忧其日即于腐败者，其所以然之故，有可言也。将谓其秉彝之懿为之欤？则一事之嫌疑，百人之中，辨者一而不辨者九十九也。其辨者亦特相较为长耳。古之哲人众矣，由今观之，所云为不皆是也。彼之所笃信，乃今知其诬，则民之智不足任也。虽然，使合而衡之，古今之言行，智者固众于愚，直者固多于枉。不然，人之类浸微浸灭久矣。乃今不浸微浸灭而善机众者其故何欤？曰"以人道之善补过而已"。所为善补过者，履其境而悟其艰，辨其物而通其理也。艰之悟以阅历，理之通由论思。而自其利行言之，论思尤贵于阅历也。何则？虽有阅历，非论思则所阅历者虚。审义之不中，操术之未得，祸害将见于事实，异同将起于人言。事实人言，有救非改良之效者，接于人心，而理有所不安故也。夫事固有其所以然，而非论思，则所以然不见。是故人事所足恃而有功者，存乎去非而趋是。一谋之所可用，一策之所以可施，以补阙拾遗者常在左右也。夫贤者之谋有赖，而众人之计无俚，其不同居何等乎？贤者之谋，常任天下之指摘，异己之论，彼皆闻之。衷其是者以收其益，送难质疑，往复不厌，脱有诐谬，无能隐也。彼知考一事而欲穷其纤悉之变者，舍兼容并苞，令众口各伸其所欲言，道无由也。且议者之意，必尽其爱憎向背之不齐，识必总其愚智浅深之相绝，古之圣贤人，所以得大智慧由此。且天予人以心灵矣，顾必赖此术，乃有以去蒙昧而进神明者，其本然之体，固如是也。己之所思，存而不遂，方与众论，合而图之。讲是以去非，集微以为巨，此非纷纭淆乱，而靡所适从也。政以建不拔之基，而笃信勇行之耳。盖惟坦然溃然，以所言任天下之吹索，而在己一一有以应之。故其终也，虽以己之说，为胜于人人，而得天下之真理当也。何则？方其立此一说也，固尝广延宏纳，请天下为求其瑕疵，而未尝或憎其异己。苟有一隙之明，不问其所由至之何方，皆必资其照而后已。而他人之说，其所以淘洗研炼者，固未尝如是之深且周也。

夫使古之圣贤人，必知此而后自信其说也，则今之所谓公言，所合百愚一智以为之者，必何如而后可用乎？罗马公教者，天下之最排异己者也。然其徒死，而将藉之以为神，必先听所谓外魔者历数其所短。虽死者道行至高，而指评之言，必历听而遍衡之，无可议而后成神。此其教法也。虽有奈端之公例，使当日者屏一切之疑难，则其例于今之学界，不必如是之不可摇也。是故吾有所崇信所以必实而非诬者，即以尝经众人，求证其诬之故。且以求证其诬者，其为术至严故，其人皆明智精能故，不然，虽证其诬，或未尽也。凡今世民智之所及，所可致者吾既已致之矣。吾未尝为之垣宇藩篱，拒真理使不吾至也。吾且廓抱开襟，使来日而真理形焉。吾之心犹足以受之，而不至于相绝。而今之时，以吾求诚之心，极所得为如是而已。是故过而妄者，人道之所莫违也。以常过而妄之人道，而可几于至诚，所由之途，独此而已！

所足怪者，或曰："言论自由矣，而独不可以达于极点。"不知理之诚者，虽达于极点无害也。使极点而不可达，即未至于极点，亦不足达也。所尤足怪者，或曰："言论自由矣，而事之容疑者，恣为论议，可也。有必不容疑之天经地义，恣为论议，不可也。"而叩其所谓天经地义者，则彼与同彼者，所自以为天经地义者也。夫如是，彼之断理也，且以无对不净而莫与易自居矣，尚何言论自由之与有？夫一说之不刊，至拟之为天经地义。乃今鳃鳃然，恐以言论自由之故，将有人焉不以为天经地义，然则

严复

其说犹俨然得为天经地义者，徒以言论之不自由而已！是其所判决者，固以一面之词，而未听两造之讞者，乌得为天经？乌得为地义？嗟夫！真天经地义，未有不乐言论自由者也！

且世之人，每持一说而卫之甚勇也，不必以其理之诚而无妄也。常以其说之关于世道而不可废，恐废民将无所措其手足也。然则旧说之不可攻，不在其是非，而存乎其利害。彼谓旧说为民所信奉日久，关于人心风俗者，至深而不可离。故国家之职，在保持其说，而禁其攻者。且以其事之不容已，而责任之所存也。彼长国家者，虽不必以无对不诤自居，而辅以众情之协同，即施压力未为失也。事关名教之重如此，而其义之美又如此。是惟宵小壬人，乃欲破其防而裂之耳。夫制恶人，非过举也，则禁其所欲行者，又安得而有非？其用意如此，乃梢梢曰："吾所以抑塞横议者，非从其理之是非诚妄而为此也，徒以其利害之所关，吾恶夫无对不诤者之僭妄也。虽然，理之诚妄难言，而事之利害易见。吾今以利害为此，子不得以自居无对不诤加我矣。"不知彼避诚妄，而取利害，所为同实，特异名耳。凡说不容平议究言，徒以一人一众之去取而定之，其人其众，皆以无对不诤自居者也。夫利害之分，必待自由之辨难，而后庶几有定程者，与诚妄等。但使吾所谓利，不任他人之言害；吾所谓害，不容或说之为利。则其所利害，无异向者所诚妄也。则亦自居无对不诤而莫与易，复何僭妄之能词？且夫利害之与诚妄，精而言之，固不可离而二也。人之辟异端也，不得曰其说利可以存，独以为真理则不可也。何则？其妄也即其所以为害也。假有一说于此，而于吾心决从违焉，舍其诚妄，于何求之。古语有之曰："天下无不诚而利用者。"言此者非恶人也，乃圣人也。向使与人以一说，虽利用而彼心知其不诚，宁不以前语相稽者乎？且人有所笃信而谨守也，从未有主于利用之说者。必将曰吾所信守者，固天下之真道。惟其真，故不可以不信。方其言此，一切功利之说，举所不计者矣。总之一国之律文清议，乃至所奉之宗教，所重之名教，皆不独其诚妄有不可议也，即其利害亦不可以异说。彼方以此为其国之纲维，于违其说者不即加以文罔，夫已极其宽大者矣。

人有说而我排之，彼虽有所复之辞，乃禁不许白，此夺其言论自由固矣。且于人道，所损实多。欲吾说之大明，莫若征其义于事实，以恐吾说之或偏也。则试取一最不便于吾说之事实，以资发挥，尚庶几有以餍听者之意乎？则有如宗教言天，与夫名教言伦常之事，此皆世之人所指为不易之定理，而无思想言论自由可言者也。以其义为社会之所至严，故持异说者有常不胜之势。当其为辨，主客地位，固已不均。主旧义者必曰："凡此皆古今通义，天下达道，国家宪典本斯而立，岂吾子亦云不足信，然则国家宪典非耶？宇宙必有真宰曰上帝，此人人所笃信而莫或疑者，岂子亦以为不然，而主张者僭妄耶？"此谓乘当王之势以临人，求为胜也，非求真理也，是故君子耻之。虽然，不佞犹将应之曰："向所谓自处无对不诤而主张僭妄者，非曰其人之心，有所笃信不疑者也。谓吾子之心，有所笃信不疑者矣，乃以子之所笃信不疑者，责人人之笃信而不疑，虽其人将欲有言，而足下掩耳疾走而不之听也。若夫其理于人道所关之大小重轻，非所论矣。虽使所持之义，为不佞平日所最严，于吾心无几微之疑义，但使所为若此，不佞犹将非之。吾子有最胜之义于此，而有人焉持其异同。其持此异同者，吾子以为邪说可，以为横议可，以为惑世诬民乱天下无不可，但使本之吾子之意，本之古先圣贤之旧说，乃至王章清议，无往而不与吾子同，而以是之故，钳制异同者之口，使有言而不得尽其词，斯皆不佞之所深非，将以吾子为僭妄，而夺人思想言论自由者也。且吾子将以己所持者正，而异同之说，为非圣，为亵天，虽夺其言论自由，乃无过欤？则不悟政于此等而夺人言论自由者，其为祸于人群，乃最烈也。"观列国之前史，其一时所为，天日黯暗，而为后人所伤心诧怪于无穷者，坐此等事耳。当彼之时，致其毒者，方以名教国法，为之钳网爪牙，而所诛锄者，则后之人所目为贤豪。其所辞辟者，则后世所崇拜服膺之真理也。读史者方悼叹痛惜于其所为，而伊古之人，为天下之至不仁，若心安而理得。何则？彼固以所诛锄所辞辟者，为非圣，为亵天，虽夺其言论自由为无过也。

历史中有一事，为世人所当常悬于心目中者，则希腊之苏喀拉第。其为人尝为一国清议所不容，终且为其国法网之所加。生于文明之域，而并世多俊伟之人，其学术言行，所流传至今者，皆亲炙见知之弟子为之传述。不独智足以知其师，而于所居之国尤纤悉无遁情。是苏喀拉第者，所谓古之哲人非欤？古及今言德行者，必以斯人为魁首，为典型。道大能

博，由其源而分为二流。得柏拉图之玄懿精深，上通帝谓矣；而又有亚理斯多德之权衡审当，广被民生。此皆吾欧言道德格致者不祧之宗也。其为百代师资，后之人无异议者。至今二千余年，其声名之洋溢，如揭日月，久而愈彰。虽同时辈流皆卓卓，乃总其众以与之衡轻重蔑尔，其为至德也如彼，而为后世之所仰也如此。顾当其身，则国人众推廷鞫，所被之以慢神不道惑众倾邪之罪而戮之者也。其以为慢神不道也，则坐以国家祀典所列者为非明神也。其以为惑众倾邪也，则坐本己之道以教后生也。彼执法之士师，主一国之平者，固以忠恕公允之心，决然断其人之有罪，而于法为当诛也。顾孰知彼所谓罪人而可杀者，乃千古之圣德，虽处之极人道之优美崇高，非为过乎？

历史中又一事，为今日妇孺所共知，而其为人类而哀悼，方之前事殆过之无不及者。则千八百余年以往，所见于喀尔华离者也。其人生前言行，赫煊纯懿，为闻见者所不能忘。身死近二千年矣，为人类所尊亲，崇拜之情，同于天帝。顾其时人则亦以为有罪而戮之矣。且其所谓罪者何耶？曰："以其人为逆天也。"嗟夫！世之人，彼不独不识至仁也，顾且加之以其正反，至于后世而悟。则逆天之事，正在此杀逆天者。虽然，以其事之可悲，而所杀者为其所崇拜也，论世者乃大过当焉。盖使自其事实而观之，是杀耶稣者非恶人也。岂惟非恶人，且实多守旧之正人。敬鬼神，谨言行，而爱国守法度者也。彼乃古及今所谓良民，如吾辈然，所庶几谨慎，可一生无过，而为后人所钦重者也。执法定谳之祭师，方其裂法衣而宣罪名也，其心固无疑于耶稣所为之至不道，其畏天奉法之至诚，不必与今之神甫牧师异也。顾今之人若战栗怖畏，悲伤叹恨于其时之所为者。然使生当其世，为犹太之种人，吾决所为，亦与彼曹等耳。以今日身为基督之教徒，遂若持石抛击救主之人，必皆其时之无赖，独不记此持石抛击之人，其中有圣保罗在耶？

请更举其尤异之一事。所尤异者，其过失之昭著，与其人德智之闳深，有正比例也。今夫千古之帝王，具莫大之威力，而道德纯备，智虑通达，独出冠时，有过于罗马之摩嘎斯奥力烈者乎？殆无有也。身为文明专制之共主，而所以自修者，不独为明允廉公之谊辟也。所尤难者既浸渍渐摩于斯多噶严毅之学矣，乃长怀其不忍人之心，间有阙失，为史氏所指摘者，观过知仁，要皆以慈良恺悌而得之。所纂述以言道德者，于前古为不刊之书。持较新约，未见其或抵牾也。故使略其名而尚其实，则奥力烈之非景教，其合于景教，实过后来名奉景教之帝王。然而剿绝禁遏景教者，则固摩嘎斯奥力烈也。彼于古人之道，既已揽其全而登其巅矣。又襟抱开朗，不为私欲之所拘蔽。其制行之懿，殆与至精之景理合。然而不知景教之行，乃斯人之幸福。盖彼以谓身为帝王，有正辞禁非之天责。又深知其时之民俗，为叔季之末流。顾俗虽不厚而未至于日下者，则其民敬信故鬼之所为也。余为天王，固不可使社会去治而就乱，使今行之典礼型俗，凡所以维系人伦者废，则放纷之余，不知资何术有以拨乱世而反之正也。夫景教固所谓维新而革其故行之典礼者也，是故去故就新不能，则舍剿绝禁遏之，无他道也。彼又以景教所称之天道为无据而不实，而降生帝子流血度世之说，又离奇难信。而景教果为后此世界维新之基者，则其明所不及见也。夫如是，彼慈良恺悌之哲人，明允廉公之谊辟，遂竟有剿绝禁遏景教之一事。嗟乎！史传所书，其最不幸而可痛，未有过于此事者也。欧洲景教之行，不始于仁圣聪明之奥力烈，而始于诪张庸暗之君士丹丁。藉使反之，其为景教利行之功，有纪极耶？虽然，平心而论之，彼奥力烈之所以禁黜景教于当时，与吾党所以遏外道异宗于今日者，其用心岂有异欤？殆无以异也。吾党谓外道异宗，不崇信上帝耶稣之说者，为虚妄，为蔑天，为斁彝伦而乱社会。彼奥力烈亦谓景教新理，不崇信罗马之旧神，为怪诞，为废典，为隳社稷而害民生。而景教真理所宜为奥力烈所深知而隆重者，其事既如此矣。噫！世之人于名教之地，而禁遏言论自由者，曷勿思奥力烈之言行，与其所以为人者，以己与奥力烈衡，将德行道艺皆过之欤？聪明广运，求道之诚，事天之谨，而得善服膺之拳拳，皆必无愧于奥力烈。然后主己黜人之事，庶几可为。即不然，彼奥力烈既误于前矣，而今人之意，徒以一时之众同，而遂以为无以易者，宜知所以自处已！

闻前说者，乃更引约翰孙博士之言曰：夫辟邪说，所辟者固不必果邪说也。距诐行，所距者固不必果诐行也。虽然辟者距者之所为未为过也。即或至德要道如景教，方其初唱，禁之可也。盖道有是非，而教有邪正，吾未有以辨之也。然而禁之，使所唱为是为正乎？虽禁之以严刑，遏之以峻法，其至诚终不可以卒夺。若邪与非，斯宜败已。然则真教正道，固无

惧于禁遏，而禁遏之事正所以验其教之真否，与其道之正邪也。夫如是之说，其所以主防闲宗教，不容立异者，可谓奇僻。顾不佞既主自由之义，固不可无以待之。则应之曰，夫谓真理正道，虽禁遏不害者，此自唱真理正道者言之也。而非受真理正道者，有恶于唱说之人，而以是待之也。以遏绝待真理正道，于真理正道固无伤矣。而自受者言之，其于报施之义，无乃爽欤？使有人于此，以其先知先觉之明，抑竭其耳目心思之力，为人类发不可不知之新理，或关于天道，或切于人伦，彼方为斯民证其昨非，而指其今是，此斯民之幸福，而以人为人之极功也。即自约翰孙辈言之，亦未尝不谓其所为，于斯人有不朽之功德者也。如前之说，乃若以其功德不朽之故，必使之以身为殉，其所以赏功酬庸者，必同于所以待穷凶极恶之罪人而后已，有是理乎？推约翰孙之义，则后世于古之贤豪，流血正命之日，服粗斩，蒙灰墨，非矣，夷然若处常节可也。其所以待先知先觉者，必若罗骨利亚人之所为，有欲言一新法者，先加徽缠于其颈，国人环列，闻其所欲言者言而不纳，则立绞之。嗟夫！以先知觉后知，以先觉觉后觉者，非天下之至仁者欤？使所遇于世者，仅仅若此，则其民之于真理，尚有几微之爱也哉！彼以谓民之饥渴于新理真道者，特古然耳，乃至于今，民固福足慧足，而先知先觉为无用也。使所操之说如是，则新理真道者，焉往而不得其遏绝！

且彼谓真理正道，虽遏绝不害者，亦助攻之淫词，不足信也。则何不鉴于前史之所有？吾见真理正道，遭遏绝而不明于世者，乃大书而不一书也。虽不必因以遂绝，然所以夭阏人群之进化者，动可数百千年，此其害不既烈欤？请但言其见于宗教者，世知路得为旧宗革命者矣，而忘先路得而欲革宗教之腐败者，几二十余辈也。阿尔诺起而遭诛锄矣，法拉多星诺兴而蒙显戮矣。沙方那洛拉之被焚，阿尔宾抓之殒命。和图洼继起而无效，罗辣德戮力而丧元。而稍前路得而发者，则呼实特也。且路得兴于北部者也，其成亦有所相耳。其踵路得而发者，于日斯巴尼，于义大理，于伏兰德，于奥大利，凡为新宗，皆为其国之所芟。耗矣，安见遏绝之不害也！即在吾英，修教最昌之地也。然使玛利不死，额里查白早亡，则所为公教者，虽至今存为国教可也。大抵新旧相嬗之际，使新党非其至强，遏之寡不绝者，而所持理之真否，道之正否，法之善否，皆勿论也。读罗马旧史者，莫不知景教当日之风行，大抵实由于天幸。其不遂亡于世间者，以禁遏剿绝之事虽间至，而有消歇容与之时，使其教得以潜滋而布濩。呜呼！真理虽神，其无力以与刀锯桁杨相旅距久矣。良玉猛火之喻，聊为慰情之言，非事实也。世少知言之选，则其卫道之心，与其乐闻诐辞者正等。方其萌蘗，待以斧斤，皆足以折其生机，使归消灭。至诚之理，以出之非其时而忽然堨地者，可胜道哉！然以道之自存于天壤也，是故虽一灭再灭，乃至于数灭，将有时焉，以与世事人心相得，而其说卒行。殆遇禁遏，若存若亡，后乃其力大伸，虽禁遏而不能制，则近似之说也。

《法意》三章

〔法〕孟德斯鸠著

第十一章　思想之狱

摩西呷梦断其王氏阿尼修之胫，氏阿尼修闻则取而杀之。曰："凡梦因也，若昼而不是想者，夜不是梦也。当大逆无赦。"孟德斯鸠曰："是其用刑，可谓极暴者矣。姑无论其昼之所思，不必夜之所梦也；就令如梦，彼未尝见之于实行也。夫国法之所加，必在其人之所实行者，过斯以往，非法之所宜及也。"

复案：国法之所加，必在其人所实行者，此法家至精扼要之言也。为思想，为言论，皆非刑章所当治之域。思想言论，修己者之所严也，而非治人者之所当问也。问则其治沦于专制，而国民之自由无所矣。尚忆戊戌之岁，清朝方锐意变法，而廷臣之向背不同。某侍御

主于变法者也，疏论礼部尚书许应骙腹诽新政。上令自陈，以为无罪。而某侍御遂为舆论所不直。夫其人躬言变法，而不知其所谓变者，将由法度之君主，而为无法之专制乎？抑从君主之末流而蕲得自由之幸福耶？呜呼！可谓慎已。近世浮慕西法之徒，观其所持论用心，与其所实见诸施行者，常每况而愈下。特奔竞风气之中，以变乱旧章为乐，取异人而已。卤莽灭裂，岂独某侍御言失也哉！

第十二章 口语之狱

徒以口语过失，加人以大逆不道之名，而刑之者，非暴虐专制之朝，无此事也。夫心之精微，非口语所能尽。往往同一语也，而释之者异词。或起于恶心，或由于失言，此其为差，又相等也。发愤激昂之际，醉饱之余，发言惊座，初非恶心，其过而自悔，又多有之矣。今乃取之以当极刑，有道之刑，岂如是哉！

在心为意者，在口为言。是故言犹意也，而大异于所行。使但自其言而观之，则言者固有言也。而其所达之意，则常未定也。何则，同此言矣，以其声音之异，而其意可以大殊。往往取所已言者而复称之，而闻者怃然，则其意变也。且言之所达，其有待于外缘之附者多矣。有时不言，而意显然。其告人者，过于言也。是故言者，天下之未定而最难明者也。未定而最难明，乃用之以科人罪，非天下之至不仁，其孰能为之？嗟乎！使其民徒用口语，而蒙大逆不道之戮者，不独其国无自由之形也，盖并自由之影而亡之矣。

近者俄后诏书，定多罗古禄奇藩王死罪，以于后身尝加秽亵之语。又一人以故用恶语解说诏书，并有悖慢之词，侵犯神圣躯体。

夫国君者，亿兆之元首，荣光所被，天下具瞻。乃有人焉，敢为信口之污蔑，此其得罪，而为国法所不恕固宜。顾不佞所欲言者，窃谓使专制之君有祥刑之事，似不必徒于口语而当其民以大逆之科。用其次者，未为失也。

大逆，非日见之事也，其事为众目所共睹。假有人颠倒其事实，则人人得指而明之，是固不可掩者也。若夫口语之得罪，则必有事为从之，而后可相持而并论。譬如有人入市，慑民为叛，此大逆也。因口语之下，事实从之，故虽口语，乃与事实同科。官之所治者，非口语也，乃事实而用口语者。盖口语自法律论，从无得罪之时，必有事实相从，则口语同于事实。设锻炼语言，以入人于大辟，是自乱其例，而刑罚之不中甚矣！

氐倭多修、阿加纣、纥那留三者之为罗马皇帝也（罗马皇帝与大都护常不止一人），制诏廷尉卢非努曰："继自今有议皇帝与其政令者，其勿加罚。使其言出于轻率，我曹之所藐也。使其言出于愚戆，我曹之所闵也。使其言出于娼嫉，亦我曹之所恕也。是故廷尉之职，于有所闻，在告其实。至于略言取人，略人取言，或罚或赦，我曹将自审之。"

第十三章　文字之狱

文字犹口语也。其不同者，流传久暂之间而已。虽有悖逆之文字，而无悖逆之事实者，不可以入大逆之条也。

罗马之沃古斯达与泰比流二帝，得刺讥文字，则刑其人，比于违制。沃古斯达之为此，以当时所刺者，为国中要人。而泰比流则颇疑所言之及己。虽然，是二事者，实摧丧国民自由之大者也。当此时有孤列妙子者，为国史长编，谓加寿为末流最后之罗马主，其人亦由此而得罪也。

专制之朝，绝少谤讽刺讥之文字，法重而民痿，不独慑而不敢为也。即欲为之，而文章能事，有不逮矣。使其治为民主，此等文字，固所优容。民生之所以优容，即君主之所以禁也。何以言之？盖此等文字，所谤讥者，多取富贵有势力之家。至于齐民所为，刺者常默然也。虽然，君主禁之矣，而不必悍然指为大逆之事。盖得此讥诽，民之怨气，常有所疏。鄙夷怒骂之既行，其致螫疾视之情，亦从而稍杀。为嘲弄于饥寒，纵嬉侮于桎梏，往往厉气潜消，而不至遂郁为大乱。彼为君主之治者，宜知之矣。

复案：此节之论，与苏明允诗论正同。

　　天下为民上，而最不耐刺讥文字者，其惟贵族乎？夫贵族者，分君主之权者也。惟君主以居位之已尊，握权之已盛，高高在上，常不为谤议之所加。就令加之，尚有时而勿校。独至贵族不然，片词之侮，如芒刺之在身。微露其情，语语如贯心之毒矢。此所以十法司主治之日，罗马诗人无一免者，何则？憾之诚深，故取之若彼其急也。

　　复案：此中国今日之尊官，所以独恶报馆也。